MELHORES POEMAS

Gregório de Matos

Direção
EDLA VAN STEEN

MELHORES
POEMAS

Gregório de Matos

Seleção
DARCY DAMASCENO

© Iracilda Mendes Damasceno Santos, 2010

8ª Edição, Global Editora, São Paulo 2012
1ª Reimpressão, 2013

Diretor Editorial
Jefferson L. Alves

Gerente de Produção
Flávio Samuel

Coordenadora Editorial
Arlete Zebber

Revisão
Ana Carolina Ribeiro

Projeto de Capa
Victor Burton

Dados Internacionais de Catalogação na Publicação (CIP)
(Câmara Brasileira do Livro, SP, Brasil)

Matos, Gregório de, 1636?-1695.
　Melhores poemas : Gregório de Matos / Darcy Damasceno, seleção. – 8. ed. – São Paulo : Global, 2011. – (Melhores Poemas / direção Edla van Steen)

　Bibliografia.
　ISBN 978-85-260-1582-1

　1. Poesia brasileira. I. Damasceno, Darcy. II. Steen, Edla van. III. Título. IV. Série.

11-06067　　　　　　　　　　　　　　CDD-869-91

Índice para catálogo sistemático:

1. Poesia : Literatura brasileira　　869.91

Direitos Reservados

 Global Editora e Distribuidora Ltda.

Rua Pirapitingui, 111 – Liberdade
CEP 01508-020 – São Paulo – SP
Tel.: (11) 3277-7999 – Fax: (11) 3277-8141
e-mail: global@globaleditora.com.br
www.globaleditora.com.br

Obra atualizada conforme o Novo Acordo Ortográfico da Língua Portuguesa

Colabore com a produção científica e cultural.
Proibida a reprodução total ou parcial desta obra sem a autorização dos editores.

Nº de Catálogo: **1496**

Darcy Damasceno dos Santos nasceu em Niterói, RJ, em 1922. Estudou no Rio de Janeiro, formando-se em Letras pela Pontifícia Universidade Católica. Escreveu poesias, ensaios literários e traduções. Dirigiu com Fausto Cunha e Afonso Félix de Sousa a revista *Ensaio*. Dirigiu a Divisão de Manuscritos da Fundação Biblioteca Nacional. Destacou-se como poeta no grupo Geração de 45. Escreveu as seguintes obras: *Fábula serena* (1949), *A vida breve* (1951), *Cecília Meireles, o mundo contemplado* (1967), entre outros. Traduziu *O cemitério marinho* de Paul Valéry, *Poesias* de Saint-John Perse e *Sonetos* de Góngora. Morreu na cidade do Rio de Janeiro, RJ, em 1988.

GREGÓRIO DE MATOS: A TRANSMISSÃO TEXTUAL

Gregório de Matos, o surpreendente satírico da *cidade da Bahia*, vive na segunda metade do século XVII – em pleno florescimento, ainda, da literatura barroca. Embora não lhe saibamos a formação literária, salvo leituras de Góngora e Quevedo, não seria diferente da de quantos bacharéis, eclesiásticos e militares se dedicavam ao exercício da poesia, no seu tempo: forte influxo camoniano, acentuada influência dos poetas barrocos espanhóis e interação de letrados e versejadores nas salas universitárias e nos recintos acadêmicos, numa atividade criadora que, à distância e com visão estreita, pareceria fútil, mas que na verdade era o caldo necessário à formação dos melhores talentos. Desse convívio surgem as reuniões, os *oiteiros*, os atos acadêmicos; desses, os certames poéticos; desses, os *aplausos, triunfos, panegíricos* e *sentimentos*...

Como seus contemporâneos, Gregório de Matos revelou em sua poesia a dualidade do homem barroco: oscilação entre a religiosidade e o sensualismo, entre a elevação do sentimento amoroso e a crueza da mais atrevida libertinagem, entre o louvor dos poderosos e a sátira indiscriminadamente dirigida. Sua poesia, a que a tradição creditou a fúria corretiva contra a prepotência dos grandes, foi, contraditoriamente, de extrema crueldade contra a fraqueza dos infamados: negros, morenos e judeus são alvos do mesmo escarmento e da mesma insolência verbal.

A par da expressão poética tecida por traços estilísticos da época, o viver cotidiano, em que confluíam valores negativos da sociedade baiana de então, contribuiu bastante para que entre o poeta brasileiro em Lisboa e o jurisconsulto português na Sodoma brasileira se marcasse uma linha intransponível. Da enorme quantidade de poemas que a transmissão escrita, um tanto despoliciadamente, atribuiu a Gregório, e que, pela temática, pela realização formal, podemos dispor em duas partes mais ou menos equilibradas, delineiam-se um *antes* e um *depois*. Embora a sátira e a burla não estejam ausentes da primeira época do poeta, nesta predominam composições líricas por excelência, sonetos amorosos, peças religiosas e morais. De igual modo, na *época* baiana, coincidente com a ruptura social do poeta, apesar de momentos de amável jocosidade, de delicadeza amorosa, dominam as notas de insolência de comportamento e agressividade de linguagem. Por não poucos motivos interessa-nos mais, no poeta, por agora, a contraditória adesão ao viver baiano do que a vivência metropolitana. Um deles, o que aponta para a questão da autenticidade desta poesia.

Tendo a tipografia experimentado, em Portugal, certa retração subsequente ao florescimento do século XVI, devendo esperar até o XVIII para novo surto, é bem frequentemente nos volumes manuscritos, quase sempre apógrafos, que se recolhe e documenta a criação poética daqueles tempos. No Brasil, onde a tipografia era ainda menos admissível, é nos cadernos manuscritos que a produção intelectual encontra possibilidade quer de circulação (intencional), quer de sobrevivência (ocasional). Tais foram também os veículos de transmissão da obra de Gregório de Matos. Após sua morte, surgem os códices, que se desdobram, compondo-se um tanto ao sabor do gosto pessoal de seus donos, ou obedecendo a certo plano, em casos mais ambiciosos e de finalidade seguramente lucrativa. Tais livros manuscritos originaram, com o tempo, problemas de duas ordens, pelo menos: autoria e texto. No primeiro caso, porque o gosto do coletor prevalecia sobre a averiguação daquele conceito; no segundo, porque a estreiteza cultural não permitia aos coletores uma leitura crítica do material recolhido. Neste, dava-se o fato ainda de alterações textuais ou por iniciativa dos copiadores, ou por um processo de recriação da parte dos poetas em virtude de lapsos mnemônicos, por exemplo. Isso, sem se considerar o fenômeno de adulteração do texto por um processo eufêmico ou disfêmico: a construção chula, de um códice, que se contrapõe à construção atenuada, de outro, é original ou de segunda mão? Aos copistas interessados comercialmente nos textos deveremos o *melhoramento* dos versos originais, já que raríssimos autores (Quevedo foi deles o melhor exemplo) deixaram provas de se haverem aplicado conscientemente ao fazer e refazer poético.

Os códices que recolheram a obra poética de Gregório de Matos são quase todos tardios, organizados a partir de meados do século XVIII. São razoavelmente numerosos para as circunstâncias da época; mas à medida que se afastam do poeta em seu tempo histórico, sujeitam-se ao processo de *melhoramento* a que nos referimos: emenda-se a passagem ininteligível, aplica-se a ultracorreção à sintaxe inusitada, substitui-se o termo desconhecido, desfazem-se os muitos hiatos que caracterizam a poesia improvisada, circunstancial, trocam-se grupos de versos, introduzindo-se no texto o que poderíamos chamar a figura da variante estrófica. Exemplo dessa mudança do texto gregoriano em *texto em expansão* encontramos nas epígrafes, ou didascálias que, à maneira de títulos, encabeçam as diferentes composições. Pretendendo ser uma glosa ao texto, ao qual explicitam baseadas em referentes biográficos, anedóticos, históricos etc., colaboram quase sempre numa falsa leitura e num inadequado relacionamento entre o real e o literário. Veja-se o caso concreto do soneto "Um rolim de Mounai, bonzo bramá", segundo a lição que aqui estabelecemos, e cuja epígrafe é *A um que se fazia fidalgo*. A tradição escrita, na esteira do primeiro biógrafo de Gregório e um dos coletores de sua obra, o licenciado Manuel Pereira Rabelo, generalizou a epígrafe *A Cosme Moura Rolim insigne mordaz contra os filhos de Portugal*, dando portanto ao verso inicial a grafia "Um Rolim de Monai Bonzo Bramá", tomando *Rolim* como nome próprio, quando o que nele existe é um processo sinonímico que se estende ao segundo verso:

> Um rolim de Mounai, bonzo bramá,
> primaz da greparia do Pegu,

ou seja, um sacerdote (*rolim*) de Mounai (cidade do antigo reino do Pegu), bonzo brâmane, primaz dos grepos (sacerdotes) do mesmo reino... Cremos também ter fixado a lição do soneto "Um calção de pindoba a meia porra", que corre em todos os textos impressos como "... a meia zorra", num lapso de leitura já centenário e cuja incongruência os editores sempre se esquivaram de esclarecer.

Tudo isso explica por que, na organização desta antologia, tomássemos como base um dos mais antigos apógrafos da poesia de Gregório de Matos: o códice da Library of Congress, datado de 1711 (quinze anos após a morte do poeta), acrescentando a seleção nele feita de alguns poemas tomados ao códice Castelo Branco, da Biblioteca Nacional do Rio de Janeiro. Este tem a qualidade de ser o único, que se saiba, formado de fragmentos de códices e cadernos antigos – um códice factício, portanto, mas de montagem setecentista. Recorrendo a ele, tivemos dois propósitos: o primeiro, corrigir em sonetos que andam impressos mas não figuram no códice-base, leituras viciosas que se têm transmitido pelas várias edições da poesia de Gregório de Matos; o outro, abonar traços estilísticos e peculiaridades do gênio do poeta, acentuando matizes de lirismo e afetividade que contrabalançam a violência das sátiras. No que respeita à temática gregoriana, coincidem esses dois códices em que não trazem composições religiosas, nem morais, nem repassadas daquele lirismo algo abstrato do barroco conceptual a que se chama hoje *metafísico*, composições que uma crítica mais atenta tem ultimamente restituído, quando é o caso, a seus verdadeiros donos. À exceção dos dois últimos sonetos, acima referidos, e das seis poesias finais, todas as outras peças são do códice-base; num caso como noutro, a ordem das peças é a que trazem nos manuscritos. Na transcrição do texto, respeitamos os fatos prosódicos, simplificando a grafia mas conservando peculiaridades fonéticas, ainda que oscilantes. Como não pretendíamos engrossar os *melhoramentos* ao texto gregoriano, adotamos a lição dos manuscritos utilizados; evidentes lapsos que exigissem correção foram apontados nas notas. Quanto a estas, restringem-se ao estritamente necessário à compreensão do texto poético; daí que não se anotem palavras nem expressões constantes dos dicionários contemporâneos, ainda que estranhas ao uso corrente.

Darcy Damasceno

POEMS

Remédios para enfidalgar

SONETO

Faça mesuras de A. co pé direito,
os beija-mãos de gafador de pela;[1]
saiba a todo o cavalo a parentela,
o criador, o dono e o defeito.

Se não souber, e vir rocim de jeito,
chame o lacaio, e posto na janela,
mande que lho passeie à mor cautela,
que inda que o não entenda, faz respeito.

Saia na armada,[2] sofra piparotes,
damas ouça cantar, não as fornique,
lembre-lhe sempre a quinta, o potro, o galgo:

com isto, e co favor de quatro asnotes
de bom ouvir e crer, se porá a pique
de amanhecer um dia um grão fidalgo.

A ũa em freira em resposta de um presente
de doces que mandou ao Autor

SONETO

Senhora minha, se de tais clausuras
tantos doces mandais a ũa formiga,
que esperais vós agora que vos diga,
se não forem muchíssimas doçuras?

Eu esperei de amor outras venturas,
mas ei-lo vai, tudo que é dar obriga,
ou já seja favor, ou já ũa figa,
da vossa mão são tudo ambrósias puras.

Vosso doce a todos diz: Comei-me!
de cheiroso, perfeito e asseado,
e eu por gosto lhe dar, comi e fartei-me.

Em este se acabando irá recado,
e se vos parecer glutão, sofrei-me
enquanto vos não peço outro bocado.

Ao bautizado de João Vanique, ao qual
vieram alguns flamengos da cidade com
ũa pipa de vinho

SONETO

Vieram os flamengos e o padrinho
a bautizar o filho do brichote;
e houve em Marapé grande risote
de vê-los vir com botas[3] num barquinho.

Porque não sendo botas de caminho
corriam pela gorja a todo o trote;
foi ali hospedado o Dom Bribote[4]
como convinha não, como com vinho.

Choveu tanto ao domingo, em tal maneira,
que cada qual monsiur indo ũa brasa,
ficou aguado o gosto, e o vinho aguado,

porque não quis a Virgem da Oliveira[5]
que entrasse pagão em sua casa
vinho que nunca fora bautizado.

Ao mesmo assunto do baptizado

SONETO

Se a morte anda de ronda, e a vida trota,
aproveite-se o tempo, e ferva o baco;
haja bazófia, tome-se tabaco,
venha rodando a pipa e ande a bota.

Brinde-se a cada trique à quitota,[6]
té que a puro brindar se ateste o saco,
e faça-lhe a razão pelo seu caco[7]
Dom Fragatão do Rhin[8] compatriota.

Ande o licor por mão, funda-se a serra,[9]
esgotem-se os tonéis, molhem-se os rengos,
toca tarará, já, que o vento berra.

Isto diz, que passou entre os flamengos,
quando choveu tanta água sobre a terra,
como vinho inundou sobre os podengos.[10]

Ao padre Dâmaso da Silva pedindo
ao Autor remédio para não gastar
com damas nem com freiras

SONETO

Descarto-me da tronga[11] que me chupa,
corro por um conchego todo o mapa;
o ar da feia me arrebata a capa,
o gadanho da linda até a garupa.[12]

Busco uma freira que me desentupa
a via que o desuso às vezes tapa;
topa, e topando, todo o bolo rapa,
que as cartas lho dão sempre com chalupa.[13]

Que hei de fazer, se sou de boia cepa,
e na hora de ver repleta a pipa,
darei por quem ma vaze toda Europa?

Amigo, quem se limpa da carepa,[14]
ou sofre ũa muchacha que o dissipa,
ou faz da sua mão sua cachopa.

Ao mesmo padre, por querer saber
todas as ciências

SONETO

Este padre Frisão, este sandeu,
tudo o demo lhe deu e lhe outorgou,
não sabe **Musa, musae** que estudou,
mas sabe as ciências que não aprendeu.

Entre catervas de asnos se meteu,
entre corjas de bestas se aclamou:
aquela Salamanca o doutorou,
e nesta Salacega[15] floresceu.

Que é um grande alquimista, isso não nego,
que alquimistas de esterco tiram ouro,
se cremos seus apócrifos conselhos,

e o Frisão as irmãs pondo ao pespego,[16]
era força tirar grande tesouro,
pois soube em ouro converter pentelhos.

Contra os plebeus e néscios do Brasil

SONETO

Que me quer o Brasil, que me persegue?
Que me querem pasguates, que me invejam?
Não veem, que os entendidos me cortejam?
E que os nobres é gente que me segue?

Com seu ódio a canalha que consegue?
Com sua inveja os néscios que motejam?
Se quando os néscios por meu mal mourejam,
fazem os sábios que a meu bem me entregue?

Isto posto, ignorantes e canalha,
se ficam por canalha, e ignorantes
no rol das bestas a roerem palha.

Mas se os senhores nobres, e elegantes
não querem que o soneto vá de valha,[17]
não vá, que tem terríveis consoantes.

A um cometa que apareceu no fim do
ano de 1689

SONETO

Se é estéril, e fomes dá o cometa,
não fica no Brasil viva criatura;
mas em sinal do Juízo, a Escritura
cometa não o dá, senão trombeta.[18]

Não creio que tais fomes nos prometa
ũa estrela barbada em tanta altura:
prometerá talvez, e por ventura
matar quatro saiões imperialeta.[19]

Se viera o cometa por coroas,
como presume muita gente tonta,
não nos ficara clérigo, nem frade:

mas ele vem buscar certas pessoas,
os que roubam o mundo co a vergonta,[20]
os que à justiça faltam, e à verdade.

Aos missionários em ocasião que
corriam a Via-Sacra

SONETO

Via de perfeição é a Sacra Via,
via do Céu, caminho da verdade,
mas ir ao Céu com tal publicidade,
mais que à virtude o bolo à hipocrisia.

O ódio é da alma infame companhia,
a paz deixou-a Deus à cristandade;
mas arrastar por força ũa vontade,
em vez de caridade é tirania.

O dar pregões no púlpito é indecência:
"Que de Fulano?" e "Venha aqui Sicrano"
porque pecado e pecador se veja.

É próprio de um porteiro de audiência,
e se nisto mal digo, ou mal me engano,
eu me someto à Santa Madre Igreja.

De consoantes forçados que deram
ao Autor

SONETO

Devem de ter-me aqui por um orate
nascido lá na gema de Lubeque;
ou por filho de algum triste alfaqueque,
daqueles que trabucam lá em Ternate.

Porque um me dá a glosar um disbarate,
e quer que se lhe imprima com Crasbeque,[21]
outro vem entonado como um xeque
e fala pela língua de um mascate.

Outro vem que casou em Moçambique,
e vive co a ração de vinho, e brote,
que o sogro dá, e o clérigo cacique.

Anda aqui a poesia a todo o trote,
e de mim corre como de alambique,
não sendo eu destilador brichote.[22]

De uns clérigos que foram da cidade
à casa de outro

SONETO

Vieram sacerdotes dous, e meio
para a casa do grande sacerdote;
dous e meio couberam em um bote;
notável carga foi para o granjeio.

O barco, e o arrais que ia no meio
tanto que em terra pôs um, e outro zote,
se foi buscar a vida a todo o trote
deixando a carga, o susto, e o receio.

Assustei-me de ver tanta clerzia,[23]
que como o trago enfermo de remela,
cuidei vinham rezar-lhe a agonia.

Porém ao pôr da mesa, e pastos nela
entendi, que vieram da Bahia
não mais, que por papar-me a cabidela.

Estando o Autor no sítio de São Francisco
de Sergipe do Conde

SONETO

Há cousa como estar em São Francisco
donde vamos ao pasto tomar fresco?
Passam as negras, fala-se burlesco,
fretam-se todas, todas caem no visco.

O peixe roda aqui, ferve o marisco,
Come-se ao grave, bebe-se ao tudesco,
vêm barcos da cidade com refresco,
há já tanto biscoito como cisco.

Chega o Faísca, fala, e dá um chasco,
começa ao dia, acaba ao lusco-fusco,
não cansa o paladar, rompe-me o casco.

Joga-se em casa em sendo o dia brusco;
vem-se chegando a Páscoa, e se eu me empasco,[24]
os lombos do tatu é o pão que busco.

A uns amigos que estavam na Cajaíba

SONETO

Que vai por lá, senhores cajaíbas?
Vocês se levam vida regalada
co arraia chata, curimã ovada
que lhes forma em dous lados quatro gibas.

Eu nesta ilha, inveja das Maldibas,
estou passando vida descansada;
como o bom peixe, a fruita sazonada
e tenho meretriz sangue de sibas.[25]

Vocês têm sempre à vista São Francisco,
povo ilustre, metrópole dos montes,
a cuja vista tudo o mais é cisco.

Eu não tenho que olhar mais que horizontes,
e se há de olhar-me lá algum basilisco,
melhor é ver daqui a Ilha das Fontes.

Que fez o Autor estando na Ilha
de Gonçalo Dias

SONETO

Ó ilha rica, inveja de Cambaia,
fértil de peixe, fruitas e marisco;
mais galegos na praia do que cisco,
mais cisco nos galegos, que na praia.

Tu a todo o Brasil podes dar vaia,
pois tantos lucros dás e a pouco risco;
tu abundas aos filhos de Francisco
picote de cação, burel de arraia.[26]

Tu só em cocos dás à frota lastro,
fruita em tonéis, a china[27] às toneladas,
tu tens a sua carga a teu cuidado.

Se sabe o preclaríssimo Lencastro[28]
que tais serviços fazes às armadas,
creio que há de fazer de ti um condado.

A um amigo seu

SONETO

Não veem como mentiu Chico Ferreira?
Ou ele mente mais que ũa cigana,
ou não conhece os dias da semana,
ou lhe passou por alto quarta-feira.

Disse-me que ia ver lá da ladeira
o arrozal que plantou na terra lhana;
porém como olhos tem de porcelana,
em três dias não viu a sementeira.

Amanheceu o dia prometido,
famoso, alegre claro e prazenteiro;
bom dia, disse eu, para viagem.

Saí ao meu passeio malvestido,
e tomando o ofício de gajeiro,
não vi vela,[29] e fiquei como um salvagem.

Ao mesmo assunto

SONETO

Quem deixa o seu amigo por arroz,
nem é homem, nem é de o ser capaz;
é rola, codorniz, pombo-trocaz,
não falo em papagaios e socós.

Quem diz que vai ficar dous dias sós
e seis dias me tem neste solaz,[30]
tão pouco caso do seu mestre faz,
como faz do seu burro catrapós.[31]

Andar! ele virá cantar os rés,
e eu lhe entoarei tão falsos mis,
que saiba, como pica o meu revés.[32]

Dai-vos a Deus o decho do aprendiz,
que seu mestre deixou tão triste rês
por quatro grãos de arroz, quatro ceitis.

A um amigo ausente

SONETO

Que vai por lá, senhor, que vai por lá?
Como vos vai com este vento sul,
que eu já tenho de frio a cara azul,
e mais crespo o colchão que um mangará?

Vós na tipoia feito cobepá,[33]
estais mais regalado que um gazul,[34]
e eu sobre o espinhaço de um baul
quebrei duas costelas, e ũa pá.

Traz Zabel o cachimbo a fazer sono,
e se sono pesar como o cachimbo,
dormirei mais pesado do que um mono.

Vêm as brasas despois, que valem jimbo;[35]
e eu de frio não durmo, nem ressono,
e sem pena, nem glória estou no limbo.

A Dom João de Lancastro vindo
governar esta cidade da Bahia

SONETO

Quando Deus redimiu da tirania
da mão de Faraó endurecido
o povo hebreu amado, e esclarecido,
Páscoa ficou da redenção o dia.[36]

Páscoa de flores, dia de alegria
àquele povo foi tão afligido
o dia, em que por Deus foi redimido,
que sois vós, senhor, Deus da Bahia!

Pois mandado pela alta majestade
nos remiu de tão triste cativeiro,
nos livrou de tão vil calamidade,

quem pode ser, senão um verdadeiro
Deus, que veio extirpar desta cidade
o Faraó do povo brasileiro?[37]

A um que se fazia fidalgo

SONETO

Um rolim de Mounai, bonzo bramá,
primaz da greparia do Pegu,[38]
que sem ser de Pequim por ser do Acu,
quer ser filho do sol, nascendo cá.

Tenha embora um avô nascido lá,
cá tem três pela costa do Cairu,
e o principal se diz Peroaçu,
descendente este tal de Guinamá.

Que é fidalgo nos ossos cremos nós,
pois nisto consistia o mor brasão
daqueles que comiam seus avós.

E como isto lhe vem por geração,
lhe ficou por costume em seus teirós[39]
morder aos que provêm de outra nação.

Aos fidalgos caramurus

SONETO

Um calção de pindoba a meia porra,[40]
camisa de urucu, mantéu de arara,
em lugar de cotó,[41] arco e taquara,
penacho de guarás em vez de gorra.

Furado o beiço, sem temor que morra,
o pai, que lho envazou com ũa titara,[42]
senão a mãe, a pedra lhe aplicara
a reprimir-lhe o sangue, que não corra.[43]

Alarve sem razão, bruto sem fé,
sem mais lei que a do gosto, quando berra,
de arecuná se tornou em abaité.[44]

Não sei como acabou, nem em que guerra;
só sei que do Adão de Marapé
procedem os fidalgos desta terra.

A ũa caçada, que se fez em o sítio
de São Francisco de Sergipe
a ũa porca

DÉCIMAS

Amanheceu quarta-feira
com face serena e airosa;
e o famoso André Barbosa,
honra da nossa fileira,
por ũa e outra ladeira,
desde a marinha até a praça,
nos bateu com tanta graça,
que com razões admirandas
nos tirou de entre as holandas
para levar-nos à caça.

O lindo Afonso Barbosa,
que dos nobres Francas é,
por filho do dito André,
rama ilustre, e generosa,
já da campanha frondosa
os matos mais escondidos
alvorotava a latidos,
quando nós de mal armados,
à vista dele assentados,
nos vimos todos corridos.

Rasgou um porco da serra,
e foi tal a confusão,
que em sua comparação
menino é de mama a guerra:
depois de correr a terra,
e de ter os cães cansados,
com passos desalentados
à nossa instância vieram
onde casos sucederam
jamais vistos nem contados.

Estava eu de ũa grimpa
vendo a caça por extenso;
não a fez limpa Lourenço,
e só a porca a fez limpa:
porque como tudo alimpa
de cães, e toda a mais gente,
Lourenço intrepidamente
se pôs ao primeiro emborco,
mas por não morrer do porco
veio a cair sujamente.

Tanto que a fera investiu,
tentado de valentão
armou-se-lhe a tentação,
e na tentação caiu:
a espada também se viu
cair na estrada, ou na rua,
e foi sentença comua,[45]
que nesta tragédia rara
a espada se envergonhara
de ver-se entre os homens nua.

Lourenço ficou mamado,
e inda não tem decidido
se está pior por ferido
da porca, se por beijado:
má porca te beije, é fado
muito mau de se passar,
e quem tal lhe fez rogar,
foi com traça tão sutil,
que a porca entre Adônis mil
só Lourenço quis beijar.

Lourenço na terra jaz,
e conhecendo o perigo,
deu à porca mão de amigo,
como quem se punha em paz:
a porca, que era tenaz,
e estava enfadada dele,
nenhũa paz quis com ele,
mas botando-lhe ũa ronca,
por milagre o não destronca,
e ainda assim chegou-lhe à pele.

Ia Inácio na quadrilha,
e tão de Adônis blasona,
que diz, que a porca fanchona
o investiu pela barguilha:
virou-lhe de sorte a quilha,
que cuidei, que naufragava;
porém tantos gritos dava,
que feliz piloto em charco,
à vara livrara o barco
quando o porco o lanceava.

Inácio nestes baldões
teve tanto medo, e tal,
que aos narizes deu sinal
o mau cheiro dos calções:
trouxe na meia uns pontões
tão grandes, e em tal maneira,
que à caça hão de ir por bandeira;
donde por arma lhe dão
em escudo lamarão[46]
uma porca costureira.

Miguel de Oliveira ia
com dianteira alentada;
de porcos era a caçada,
e o que fez foi porcaria:
quando o bruto o investia,
ele com pé diligente
se afastava incontinenti,
com que o julguei esta vez
por mui ligeiro de pés,
e de mãos por mui prudente.

Pissarro em um penedo
vendo a batalha bizarra,
era Pissarro em piçarra,
e era medo sobre medo:
eu não vi homem tão quedo
em batalha tão campal;
porém como é figadal
amigo, hei de desculpá-lo,
com que nunca faz abalo
do seu posto um general.

Frei Manuel me espantou,
que o demo o ia tentando,
mas vi que a espada tomando
logo se desatentou:
incontinenti a largou,
porque soube ponderar,
que ficava irregular
matando o animal na tola,[47]
de que só o mestre-esfola[48]
o podia dispensar.

O vigário se houve aqui
cuma tramoia aparente,
pois fingiu ter dor de dente,
temendo os do javali:
porém folga, zomba, e ri
ouvindo o sucesso raro,
e dando-lhe um quarto em claro
os amigos confidentes,
à fé, que teve ele dentes
para comer do javaro.[49]

Cosme de Moura esta vez
botou as chinelas fora,
como se ver a Deus fora
sobre a sarça de Moisés:
tudo viu, e nada fez,
tudo conta, e escarnece,
com que mais o prazer cresce,
quando arremeda, interpreta
Lourenço, a quem fez poeta
em sinal que o enlouquece.

O Silvestre neste dia
ficou metido em um nicho
porque como a porca é bicho,
cuidou que um sapo seria:
mas agora quando ouvia
o desar dos derribados,
mostrava os bofes lavados,
de puras risadas morto,
porque sempre vi, que um torto
gosta de ver corcovados.

Bento, que tudo derriba,
qual valente sem receio,
pondo agora o mar em meio,
fugiu para a Cajaíba:
não quis arriscar a giba
nos afilados colmilhos
de javaros tão novilhos,
e se o deixou de fazer
por ter filhos, e mulher,
que mal é dar caça aos filhos?

Eu, e Morais às corridas
por outra via tomamos,
e quando à porca chegamos,
era ao atar das feridas:
com mentiras referidas
de ũa, e outra arma donzela
se nos deu a taramela;
nós calando, só dissemos:
se em taverna não bebemos,
contudo folgamos nela.

À doença e morte do cavalo de Pedro
Alves da Neiva, e sentimento de
seu dono

DÉCIMAS

Pedralves não há alcançá-lo,
porque não se sabe dele
se um cavalo tinha a ele,
ou se ele tinha um cavalo:
mandou o tio comprá-lo
por ver o seu beijamim[50]
na charola de um selim;
e despois de o haver comprado,
então ficou cavalgado
o tio mais que o rocim.

E porque era o sendeiro
um pouco acavalheirado,
se lhe pôs casa de estrado,
dois pajens e um escudeiro.
Item, papel e tinteiro,
confessor e capelão,
donde veio a ocasião
de todo o povo malvado
dizer, que o ruço queimado
morrera mui bom cristão.

Pedralves tão grande asnia
jura, e afirma que não disse,
porém se ele era parvoíce,
diria, mais que diria:
que outras lhe ouviu a Bahia
tão gordas, tão bem dispostas,
que à guitarra andam já postas;
donde chegam a julgá-lo
mais besta que o seu cavalo,
por trazê-lo sempre às costas.

Por não tomar algum vício
ia ele, e o rocim,
ao campo a roer capim,
e fingia que a exercício:
por vê-lo em tão alto ofício
ia com grande alvoroço
a marotagem em um troço,
dizendo a pouco intervalo:
será homem de cavalo,
quem foi de cavalo moço.

Ũa tarde em que corria,
ei-lo pelas ancas vai;
que muito, se também cai
qualquer santo no seu dia?
Foi tão grande a correria
do rocim pelo escampado,
que de um monte alcantilado
rodou, por lugar de lombo,
com que o ruço, que era pombo,
de então foi ruço rodado.

Acudiu Pedro à burrada,
e chegado ao ruído,
vendo o cavalo caído,
ficou sota[51] desmaiada:
mas a gente ali chegada
lhe disse: Ah, Senhor Bailio,[52]
triunfe com valor, e brio,
que se este perdido está,
outro cavalo achará
na baralha de seu tio.

Ele então descendo a vala,
e dando avante dois passos,
tomou o cavalo em braços
e fez-lhe esta breve fala:
meu ruço, e minha cavala,
meu carinho, e meu amor,
pois fico em tão grande dor,
órfão tão desemparado,
e morreis de mal curado,
ordenai-me um curador.

Testai com siso perene,
que um testamento cerrado
por vós e por mim ditado,
por força há de ser solene:
não quero que vos condene
algum platônico astuto,
de que ao pagar do tributo,
podendo com todo o alinho
falecer como um anjinho,
acabardes como um bruto.

O rocim, que era entendido,
pouco menos que seu amo,
em ouvindo este reclamo
surgiu, dando um ai sentido:
deu um, deu outro gemido,
e despois de escoucinhar
disse: indo estou devagar;
por mais que a morte não queira,
que isto é acabar a carreira,
não de carreira acabar.

Isto disse o rocinante,
e logo para o curar
tratou de o desencovar
um, e outro circunstante
com cordas, e um cabrestante,
e enxadas para cavalo;
não podendo dar-lhe abalo
todo o trabalho se perde,
porque era cavalo verde,
sendo ruço o tal cavalo.

Mas um coadjutor bisonho
disse: tal dono, tal gado,
que o cavalo é tão pesado,
quanto o dono é enfadonho.
Pedralves como um medronho
corou, já de afrontado,
desconfiou como honrado
do coadjutor malhadeiro,
vendo estar o seu sendeiro
de cura desconfiado.

Eis, que com força, e com arte,
a empuxões do cabrestante
foi sacado o rocinante
da barroca a outra parte.
Pedralves num baluarte
se pôs, e a gente deteve,
dizendo em prática breve:
Vem-me alguém puxar a mim?
Pois é, que este meu rocim
nem Deus quero que mo leve.

Aqui o ruço há de jazer
conforme o seu natural,
que é filósofo moral,
e no campo há de morrer.
Quem teve que escarnecer,
e quem teve que zombar,
todos enfim a puxar
deram todo aquele dia
co ruço na estrebaria,
e trataram de o curar.

Houve junta de alveitares,
ou médicos de jumentos
carregados de instrumentos,
balestilhas e açúcares;
item, seringas aos pares,
unguentos, mechas, e talos,
e simples para formá-los,
todos remédios inanes,
porque só pós-de-joanes
é remédio de cavalos.

Curou-se enfim o frisão
pelos mais exprimentados,
homens bem-intencionados
pela primeira intenção.
Mas sobrevindo um febrão
de implicadas calidades,
em tantas calamidades
quis Deus, que não lhe aproveite
nem das Brotas o azeite,
nem o vinagrão dos frades.

Pedralves num acidente,
fiado em seu privilégio,
mandou pedir ao Colégio
um osso do Sol do Oriente;[53]
mas sendo ao reitor presente
a casta do agonizante,
dizei (disse) a esse bargante,
que o Santo a curar não presta
o mal, que ele tem de besta,
nem o do seu rocinante.

Com que o ruço a peiorar,
e as relíquias a não vir,
Pedralves a se afligir,
e seu tio a se enfadar;
o dinheiro a se gastar,
e a casa a se aborrecer,
tanto veio a suceder,
que com pesar não pequeno
em chegando ao quatorzeno
o ruço veio a morrer.

Assistir-lhe na agonia,
vieram, sem que ũa manque,
todas as bestas do tanque
dos padres da Companhia;
e ũa que cantar sabia,
ũa lição lhe cantou,
e quando ao verso chegou,
donde diz: **Andante me**
o ruço estirando um pé,
deu um zurro, e expirou.

Ao tratar do enterramento
houve algũa dilação,
porque Pedralves então
chorava como um jumento.
Mas aberto o testamento
perante um, e outro ouvinte,
se achou, que morrera aos vinte
e testara aos vinte e três
de tal ano, e de tal mês,
e que dizia o seguinte:

Meu corpo vá amortalhado
no hábito, e cacoetes,
que tem meu amo entre asnetes
de falar agongorado;
não o coma adro sagrado,
que um monturo bastará;
e pois que tão magro está
de Hipócrates, e Avicenas,
vou receando que apenas
para um bocado haverá.

Item, ao senhor Marquês,[54]
em que o céu há juntado
às ferezas de soldado,
os carinhos de cortês,
pela mercê que me fez
de com tão justa razão
suspender de capitão
meu amo, que fica em calma,
lhe peço, pela sua alma,
o suspenda de asneirão.

Meu amo instituo enfim
por meu herdeiro forçado,
e lhe deixo de contado
a manjadoura, e o capim;
item, lhe deixo o selim,
que me pôs de sarna gafo,
e pois já morro, e abafo,
o meu bocado lhe deixo,
por que veja queixo a queixo,
o que vai de bafo a bafo.

A um homem que sendo humilde se
meteu a fidalgo dispendendo muito
dinheiro

Cansado de vos pregar
altíssimas profecias,
quero das culteranias
hoje o hábito enforcar.
De que serve arrebentar
por quem de mim não tem mágoa?
Verdades direi como água,
porque todos entendais,
os ladinos e os boçais,
a musa praguejadora.
Entendeis-me agora?

O falar de entrecadência
entre silêncio, e palavra,
crer, que a testa se vos abra,
e encaixar-vos que é prudência.
Alerta, homens de ciência,
que quer o xisgaravis[55]
que aquilo que vos não diz
por lho impedir a rudeza,
avalieis madureza,
sendo ignorância traidora.
Entendeis-me agora?

Se notais ao mentecato
a compra de Conselheiro,
o que nos custa o dinheiro,
isso vos sai mais barato;
e se na mesa do trato,
da bolsa, ou da Companhia
virdes levar Senhoria
mecânicos deputados,
crede, que nos seus cruzados
sangue esclarecido mora.
Entendeis-me agora?

Se hoje vos fala de perna
quem ontem não pôde ter
ramo de que descender
mais que o da sua taverna,
tende paciência interna,
que foi sempre Dom Dinheiro
poderoso cavalheiro,
que com poderes reais
faz iguais aos desiguais,
e Conde o vilão cada hora.
Entendeis-me agora?

Se na comédia, ou sainete
virdes, que um Dom Fidalgote
lhe dá no seu camarote
a xícara de sorvete,
havei dó do coitadete,
pois numa xícara só

seu dinheiro bebe em pó,
que o senhor (cousa é sabida)
lhe dá a chupar a bebida
para chupá-lo noutra hora.
Entendeis-me agora?

Não reputeis por favor,
nem tenhais por maravilha
vê-lo jogar a espadilha
co Marquês, co grão senhor:
porque como é perdedor,
e mofino adredemente,
e faz um sangue excelente
a qualquer dos ganhadores,
qualquer daqueles senhores
por fidalgo igual o adora.
Entendeis-me agora?

A um galante desta terra, que indo à
casa de Betica, e querendo dar-lhe
ũas pancadas, veio com elas

DÉCIMAS

Um Sansão de caramelo
quis a Dalila ofender;
e ela pelo enfraquecer
deitou-lhe fora o cabelo.
Ele vendo-se sem pelo
fraqueou, e à retirada
de um salto tomou a escada;
e por ser Sansão às tortas,
em vez de levar as portas
levou muita bofetada.

O filisteu que lhas deu
(segundo ele verifica)
a mãe era de Betica,
mulher como um filisteu.
A bofetões o cozeu,
e pôs como um sal moído;
mas ele vai agradecido
de se ir cos olhos na cara,
que ele diz lhos não tirara
por já lhos haver comido.

Posto o meu Sansão na rua,
por firmar-se na estacada,
de um burro tomou a queixada,
(que outros dizem que era a sua)
com ela o inimigo acua,
mas não fez dano, nem mal,
antes temeu cada qual,
que o Sansão de alcomonia
a lanças matar podia
mais que o outro co queixal.

Ali foi preso Sansão
pelas mãos da filisteia,
nos bofes, não da cadeia,
nas tripas de um torreão:
se o cabelo ali lhe dão,
que perdeu na suja guerra,
jura Sansão, brama e berra
que se se arrima, e aplica
às colunas de Betica,
há de dar com ela em terra.

À fugida de Mariana Pereira, por
alcunha a Rola, estando presa por
ordem do senhor Arcebispo

DÉCIMAS

Na gaiola episcopal
caiu, sobre o seu pinguelo,
um pássaro de cabelo,
pouco maior que um pardal:
o passareiro real,
ou de lástima, ou carinho,
(ou já por lhe dar co ninho)
brecha lhe abriu na gaiola:
não quis mais a passarola,
foi-se como um passarinho.

A rolinha, que os amola,
zomba de quem se desvela
por colhê-la na esparrela,
ou tomá-la na gaiola;
não é passarinho a Rola
que no débil embaraço
caia, de linho, ou sedaço,
salvo um mazulo nariz,[56]
se lhe põem por chamariz,
que então cairá no laço.

Se o perlado tem jactância
de a tornar a reduzir,
ojos, que la vieron ir,
no la verán más en Francia;[57]
que ela de estância, em estância,
e de amigo, em amigão,
assegura o cordovão,
porque é segura cautela
que quem se prender com ela,
a não dê a outra prisão.

Quem no mundo há de ter modos
de prender ũa mulher
tão destríssima em prender,
que de um olhar prende a todos?
Que medos, partos, ou godos,
que ministro, ou regedor
hão de prendê-la em rigor,
se ela, àqueles que por lei
prendem da parte del-rei,
prende da parte de Amor?

Carta ao Conde do Prado

ROMANCE

Daqui desta Praia Grande
onde à cidade fugindo,
conventual das areias
entre mariscos habito,
a vós, meu Conde do Prado,
a vós, meu príncipe invicto,
ilustríssimo Mecenas
de um poeta tão indigno,
enfermo de vossa ausência,
quero curar por escrito
sentimentos, saudades,
lágrimas, penas, suspiros.
Quero curar-me convosco,
porque é discreto aforismo,
que a causa das saudades
se empenhe para os alívios.
Ausentei-me da cidade,
porque esse povo maldito
me pôs em guerra com todos,
e aqui vivo em paz comigo.
Aqui os dias me não passam,

porque o tempo fugitivo,
por ver minha solidão
para em meio do caminho.
Graças a Deus que não vejo
neste tão doce retiro
hipócritas embusteiros,
velhacos entremetidos.
Não me entram nesta palhoça
visitadores prolixos,
políticos enfadonhos,
cerimoniosos vadios.
Uns néscios, que não dão nada,
senão enfado infinito,
e querem tirar-me o tempo,
que me outorga Jesus Cristo.
Visita-me o lavrador,
sincero, simples e liso,
que entra co a boca fechada,
e sai co queixo caído.
Em amanhecendo Deus
acordo, e dou de focinhos
co sol, sacristão dos céus,
toca aqui, toca ali sinos.
Dou na varanda um passeio,
ouço cantar passarinhos
docemente, ao que entendo,
exceto a letra, e o tonilho.
Vou-me logo para a praia,
e vendo os alvos seixinhos
de quem as ondas murmuram

por mui brancos, e mui limpos,
os tomo em minha desgraça
por exemplo expresso, e vivo,
pois eu por limpo, e por branco,
fui na Bahia mofino.
Queimada veja eu a terra
donde o torpe idiotismo
chama aos entendidos néscios,
e aos néscios chama entendidos.
Queimada veja eu a terra
donde em casa, e nos corrilhos
os asnos me chamam de asno
– parece cousa de riso.
Eu sei de um clérigo zote,
parente em grau conhecido
destes, que não sabem **musa**,[58]
mau grego, peior latino,
famoso em cartas, e dados
mais que um ladrão de caminhos,
grão regatão de piaçabas
e grande atravessa-milhos,
ambicioso, avarento,
das próprias negras amigo
só por fazer **a gaudere**,[59]
o que aos mais custa o jimbo,
que se acaso em mim lhe falam,
trocendo logo o focinho:
– ninguém me fale nesse asno.
responde em todo o seu siso.
Pois agora pregunto eu:

se Jó fora ainda vivo,
sofrera tanto ao diabo
como eu sofro a este percito?
Também sei, que um certo beca
no pretório presidindo,
onde é salvage em cadeira
me pôs asno de banquinho.
Por sinal, que eu respondi,
a quem me trouxe este aviso:
se fora asno como eu sou,
que mal fora a esse ministro?
Era eu em Portugal
sábio, discreto, entendido,
poeta, melhor que alguns,
douto, como meus vizinhos.
Mas chegando a esta cidade
logo não fui nada disto,
porque um direito entre tortos
parece que anda torcido.
Sou um herege, um asnote,
mau cristão, peior ministro,
mal-entendido de todos,
de nenhum bem entendido.
Tudo consiste em ventura,
que eu sei de muitos delitos
mais graves, que os meus alguns,
porém todos sem castigo.
Mas não consiste em ventura,
e se o disse, eu me desdigo,
pois consiste na ignorância

de idiotas tão supinos.
De noite vou tomar fresco,
e vejo em seu epiciclo
a luta desfeita em quartos,
como ladrão de caminhos.
O que passo as mais das noites
não sei, e somente afirmo,
que a noite mais negra, e escura,
em claro a passo dormindo.
Faço versos mal limados
a ũa moça como um brinco,
que ontem foi alvo dos olhos,
e hoje é negro dos sentidos.
Esta é a vida que passo!
e no descanso em que vivo,
me rio dos reis de Espanha
em seu célebre Retiro.
Se a quem vive em solidão
chamou beato um gentio,
espero em Deus que hei de ser
por beato, ainda benquisto.
Mas aqui, e em toda a parte,
estou tão oferecido
a cousas de vosso gosto,
como de vosso serviço.

Estando o Autor na Cajaíba fez a obra
seguinte a um amigo, que por estar
jogando no sítio de São Francisco o não
ia visitar

Pois me deixais pelo jogo,
licença me haveis de dar
para vos satirizar
como amigo.

Fará isto um inimigo?
Deixares[60] um miserando
por estar sempre beijando
o ás de copas?

Quando andáveis lá nas tropas
de tanta campanha armada,
jogavas jogo de espada
ou da espadilha?

Quem vos meteu a potrilha,
para estares noite e dia,
na triste tafularia
de um cruzado?

Não é melhor desenfado
passares à Cajaíba,
donde o riso vos derriba
e escangalha?

É mau ver esta canalha,
Clara, Bina, e Lourencinha,
a quem dizeis a gracinha
de soslaio?

É mau encaixar-lhe o paio
encostado aqui à torre,
e ela dizer-vos que morre,
co o olho em alvo?

É mau meteres o calvo
entre tanta pentelheira,
e sair com cabeleira
encrespadinha?

Que má é Mariquitinha,
quando está cos seus lundus,
fazer-vos com quatro cus
o rebolado?

Quem vos chamar homem honrado
não tem honra, nem razão,
que vós sois um toleirão,
e um pasguate.

Mas se deixais de remate
esse jogo, esse monturo,
sois príncipe, que **de jure**
senhoreia.

Sois um Mecenas da veia
deste poeta nefando,
que aqui vos está esperando
com jantar, merenda, e ceia.

Cornualha[61] *que distribuiu o Autor*

Um vendilhão baixo, e vil,
de cornos pôs ũa tenda,
e confiado em que os venda
corre por todo o Brasil.
Para mim de tantos mil
lhe mandei que me guardasse,
se verdade não falasse
sem sobroço, e sem sojorno
– um corno.

Para o alcaide ladrão,
com despejo, e sem temor,
que na mão leva o doutor,
na barriga a Relação,
indo à casa de um Sansão
entra audaz, e confiado,
e faz penhora no estrado
da mulher, e seus adornos
– dois cornos.

Para o escrivão falsário,
que sem chegar-lhe à pousada,
dá a parte por citada,
e dá fé, cobra o salário,
e sendo feito ordinário

(como corre à revelia)
sai a sentença num dia
mais amarga que piornos
– três cornos.

Para o julgador orate
ignorante e fanfarrão,
que sendo Conde de Unhão,
já quer ser Marquês de Unhate;
que por qualquer dote, ou date
resolve ao invés um feito,
e assola a torto, e direito,
a cidade, e seus contornos
– quatro cornos.

Para o Judas Macabeu,
que porque na tribo estriba,
foi de capitão a escriba,
e de escriba a fariseu;
pois no ofício se meteu
a efeito só de comer
sufrágios, que em vez de os crer,
quer antes arder em fornos
– cinco cornos.

Para o bêbado mestiço
e fidalgo atravessado,
que tendo o pernil tostado
cuida que é branco castiço;
e de flatos enfermiço

se ataca de jeribita,
crendo, que os flatos lhe quita,
quando os vomita em retornos
– seis cornos.

Para o cônego observante
todo o dia, e toda a hora,
cuja carne é pecadora
das completas por diante;
cara de disciplinante,
queixadas de penitente,
e qualquer jimbo corrente
serve para seus subornos
– sete cornos.

Para as damas da cidade
brancas, mulatas, e pretas,
que com sutílegas[62] tretas
roubam toda a liberdade,
e equivocando a verdade
dizem, que são um feitiço,
não o tendo no cortiço
tanto, como em caldos mornos
– oito cornos.

Para o frade confessor
que ouvindo um pecado horrendo
se vai pasmando e benzendo,
fugindo do pecador,
e sendo talvez peor

do que eu, não quer absolver-me,
talvez porque inveja ver-me
com tão torpes desadornos
– nove cornos.

Para o pregador horrendo,
que a igreja esturgindo a gritos,
nem ele entende os seus ditos,
nem eu tampouco os entendo;
e a vida que está vivendo
é lá por outra medida,
e a mim me guisa ũa vida
mais amarga, que piornos
– dez cornos.

Para o tonto da Bahia
que murmura do meu verso
sendo ele tão preverso
que a saber fazer, faria;
e quando a minha Talia
lhe chega às mãos, e ouvidos,
faz na cidade alaridos,
e vai gostá-la aos contornos
– mil cornos.

Epigramas a vários assuntos

Saiu a sátira má,
e empurram-ma os preversos,
porque em quanto a fazer versos
só eu tenho jeito cá.

Noutras obras de talento
só eu sou o asneirão;
em sendo sátira, então
só eu tenho entendimento.

Acabou-se a Sé, e envolto
na obra o Sete-Carreiras
enfermou de caganeiras,
e fez muito verso solto.

Tu, que o poeta motejas,
sabe que andou acertado,
que pôr na obra o louvado
é costume das igrejas.

Correm-se muitos carneiros
na festa das Onze Mil,
e eu com notável ardil
não vou ver os cavaleiros.

Não vou ver, e não se espantem,
que algum testemunho temo:
sou velho, pelo que gemo,
não quero que mo levantem.

Querem-me aqui todos mal,
e eu quero mal a todos;
eles, e eu, por nossos modos
nos pagamos tal por tal.

E querendo eu mal a quantos
me têm ódio tão veemente,
o meu ódio é mais valente,
pois sou só, e eles são tantos.

Algum amigo que tenho,
se é que tenho algum amigo,
me aconselha, que o que digo,
o cale com todo o empenho.

Este me diz, diz-me estoutro,
que me não fie daquele:
que farei, se me diz dele,
que me não fie àqueloutro?

O prelado com bons modos
visitou toda a cidade;
é cortesão na verdade,
pois nos visitou a todos.

Visitou a pura escrita
o povo, e seus comarcãos,
e os réus de mui cortesãos
hão de pagar a visita.

A cidade me provoca
com virtudes tão comuas;
há tantas cruzes nas ruas,
quantas eu faço na boca.

Os diabos a seu centro
foram, cada um por seu cabo;
nas ruas não há um diabo:
há-os das portas adentro.

As damas de toda a cor,
como tão pobre me veem,
as mais, lástima me têm,
as menos, me têm amor.

O que me tem admirado
é fecharem-me o poleiro
logo acabado o dinheiro:
deviam ter-mo contado.

A ũa mulata muito comprida

DÉCIMAS

Mui alta, e mui poderosa
rainha, e senhora minha,
por poderosa, rainha,
senhora por alterosa:
permiti, minha formosa,
que esta prosa envolta em verso
de um poeta tão preverso
se consagre a vosso pé,
pois rendido à vossa fé,
sou já poeta converso.

Fui ver-vos, vim de admirar-vos,
e tanto essa luz me embaça,
que aos raios da vossa graça,
me converti a adorar-vos;
servi-vos de apiedar-vos,
ídolo d'alma adorado,
de um mísero, de um coitado,
a quem só consente Amor
por galardão, um rigor,
por alimento, um cuidado.

Dai-me por favor primeiro
ver-vos ũa hora na vida,
que pela vossa medida
virá a ser um ano inteiro:
permiti, belo luzeiro,
a um coração lastimado,
que ou por destino, ou por fado,
alcance um sinal de amor,
que sendo vosso o favor
será por força estirado.

Vejamo-nos, minha vida,
que estes são os meus intentos,
e deixemos cumprimentos,
que harto sois vós de comprida:
eu sou da vossa medida,
e com proporção não pouca
(se esta razão vos provoca)
creio que entre ambos veremos
quando as vistas juntemos
ficar-nos boca com boca.

A um sujeito queimando-se-lhe
a casa em que morava

DÉCIMAS

O vício da sodomia
em Gomorra e em Sodoma,
lavrava como carcoma,
e como traça roía.
Quis Deus arrancar num dia,
e arrancou de um lanço só,
porque reduzindo em pó
a cidade, e sua gente,
livrou do incêndio somente
toda a família de Ló.

Segundo Ló ao burlesco
temos hoje em Andrezão;
como sodomita não,
como bebedor tudesco:
estava dormindo em fresco,
e roncando a seu prazer
para a cachaça cozer;
e por mais que a palhoça arda,
Deus lhe defende e resguarda
ele, família e mulher.

O vulgo, que é todo asnal
tem este caso horroroso
por prodígio milagroso,
sendo cousa natural:
porque tomando um sendal,
ou qualquer lenço tomado,
em jeribita ensopado,
se o fogo se lhe puser,
a jeribita há de arder
sem ser o lenço queimado.

Assim o nosso Andrezão,
de jeribita atacado
não podia ser queimado
num fio do casacão:
a palhoça ardeu então,
porém a pele maldita
seria cousa esquisita,
que pudesse em fogo arder,
porque a pele vinha a ser
o lenço da jeribita.

E suposta esta livrança,
entre Sodoma, e tudesco,
ou há grande parentesco,
ou mui grande semelhança:
quem quiser com confiança
entrar no fogo veemente
escuse o ser inocente,
como os moços do salmista,
trate de ser flatuísta,
e beba muita aguardente.

Lá no forno do Pombal,
vila do conde valido,
quando está mui acendido
entra (prodígio fatal!)
um vilão de ânimo tal,
que dentro vira a fogaça,
com que todo o povo embaça
sem o mistério alcançar;
e eu agora venho a dar,
que vai cheio de vinhaça.

E pois o nosso Andrezão
leva o fogo de vencida,
para toda a sua vida
temos nele um borrachão;
e como é asneirão
e em tudo tão material,
fará um discurso tal,
que a beber, e mais beber,
há de escapar, e viver
no dilúvio universal.

Engana-se o asneirão;
porque no Final Juízo,
há de acabar, que é preciso,
vinho, vide, cepa e pão;
tudo há de acabar então,
e quando ache o guilhote[63]
escondido algum pipote,
como é tão geral a mágoa
porque morra, dar-lhe-ão água,
que é veneno de um vinhote.

Indo o Autor a ũa ilha fez este
romance a ũa mestiça por nome
Anica, que estava lavando roupa

Achei Anica na fonte
lavando sobre ũa pedra,
mais corrente que a mesma água,
mais limpa que a fonte mesma.
Salvei-a, achei-a cortês,
falei-a, achei-a discreta,
namorei-a, achei-a dura,
queixei-me, voltou-se em penha.
Fui dar à ilha uma volta,
tornei à fonte, e achei-a:
riu-se, não sei se de mim,
e eu ri-me todo para ela.
Dei-lhe segunda investida,
e achei-a com mais clemência,
desculpou-se co amigo,
que estava entonces na terra.
Conchavamos que eu voltasse
na segunda quarta-feira,
que fosse à costa da ilha,
e não pusesse o pé em terra,
que ela viria buscar-me
com segredo, e diligência,
para na primeira noite

lhe dar a sacudidela.
Depois de feito o conchavo
passei o dia com ela,
eu deitado a ũa sombra,
ela batendo na pedra.
Tanto deu, tanto bateu
co a barriga, e co as cadeiras,
que me deu a anca fendida
mil tentações de ir-me a ela.
Quando lhe via a culatra
tão tremente, e tão tremenda,
punha eu os olhos em alvo,
e dizia: Amor, paciência!
O sabão, que pelas coxas
corria escuma desfeita,
dizia-lhe eu que seriam
gotas, que Anica já dera,
porque segundo jogava
desde a popa à proa a perra,
antes de eu lhe haver chegado
entendi que se viera.
De quando em quando esfregava
a roupa ao carão da pedra,
e eu disse: Tem-te, mulher,
não caias que tanto esfregas.
Anica a roupa torcia,
e torcendo-a ela mesma,
eu era, quem mais torcia,
que assim faz quem não lhe chega.
Estendeu a roupa ao sol,

o qual levado da inveja,
por quitar-me aquela glória
lha enxugou a toda a pressa.
Recolheu Anica a roupa,
dobrou-a, e pô-la na cesta,
foi para casa, e deixou-me
a la luna de Valencia.[64]

A Silvestre Cardoso, querendo
virar-se em ũa canoa

MOTE

Em qualquer risco do mar
quereis, Silvestre, ser ema;
se a ema no mar não rema,
como vos heis de salvar?

GLOSA

Sois, Silvestre, tão manemo,
tão cagão, e tão coitado,
que antes que branco afogado
desejas ser negro emo;
se ao emo lhe falta o remo
de pata, para nadar,
quem se não há de espantar
de ver, que um branco indiscreto
se passa de branco a preto
em qualquer risco do mar?

As emas no mar não bogam,
que não são patos modernos;
os pretos não são eternos,
as aves também se afogam:
logo, como assim avogam[65]
à divindade suprema
vossos ais com tanto emblema?
E virado o papa-figo[66]
para livrar do perigo,
quereis, Silvestre, ser ema?

Nesta heregia tão crassa
deu Pitágoras gentil,
crendo que a alma é tão vil
que de um corpo a outro passa:
a vossa assim é mas passa
porque é asnia da gema;
senão, vede o antimema:
como trocais em tal calma
em ema o corpo, e a alma,
se a ema no mar não rema?

Sendo erro transmigrar-se
(como Pitágoras disse)
a alma, é maior parvoíce
a alma, e corpo transmutar-se;
e se deve condenar-se
a alma, e corpo transmigrar,
e vós os possais trocar
em ema, isso nada voga,
porque se a ema se afoga,
como vos heis de salvar?

A ũa dama por nome Bárbara

ROMANCE

Babu, como há de ser isto?
Eu me sinto já acabar,
e estou tão intercadente
que não chego até amanhã.
Morro da vossa beleza;
e se ela me há de matar,
como eu creio que mata,
fermosa a morte será.
Mas seja fermosa, ou feia,
se o deão me há de enterrar,
por mais fermosa que seja
sempre caveira será.
Todos já aqui desconfiam,
tudo aqui é desconfiar,
da minha vida os doutores,
e eu do vosso natural.
Desconfio de que abrande
vosso rigor pertinaz,
e a minha vida sem cura
sem dúvida acabará.
Porque se estais incurável,

e tão sem remédio está
o achaque de não querer-me,
e o mal de querer-me mal,
que esperança posso ter,
ou que remédio capaz,
se vós sois a minha vida,
e morreis por me matar?
Amor é união das almas,
em conformidade tal,
que porque estais sem remédio,
por contágio me matais.
Curai-vos de mal querer-me,
e do fastio em que estais
à minha triste figura,
que ao demo enfastiará.
Comei, e seja o bocado
que com gosto se vos dá,
porque em vós convalescendo,
então me hei de eu levantar.
Assim sararemos ambos,
porque se vós me enfermais
pelo contágio, o remédio
por simpatia será.
Vós, Babu, virais-me as costas;
pois eu feito outro que tal
estou às portas da morte,
a fala me falta já.
Quero fazer testamento,
mas já não posso falar,
que vós por costume antigo

sempre a fala me quitais.
Mas testarei por acenos,
que tudo em direito há,
e se por louco não posso,
posso por louco de amar.
Todos meus bens, se os tivera,
os deixara a vós, não mais,
mas deixo-vos para outrem,
que é o mais que posso deixar.
Se hei de deixar-vos a vós
quantos bens do mundo há,
em vos deixar a vós mesma
harto deixada ficais.
Em sufrágios da minha alma
não gasteis o cabedal,
que aos vossos rigores feita,
penas não há de estranhar.
Mas se por minhas virtudes,
e se por vós jejuar,
e se por tantas novenas,
que à vossa imagem fiz já
vos mereço algum perdão
dos pecados que fiz cá,
assim em vos perseguir,
como em vos desagradar,
com as mãos postas vos peço
que no vosso universal
juízo, mandeis minha alma
ao vosso céu descansar.
Não a mandeis ao inferno,

que harto inferno passou cá.
Adeus, apertai-me a mão,
que me vou a enterrar.

A Gregório de Negreiros

ROMANCE

Eu vos retrato, Gregório,
desde a cabeça à tamanca
cum pincel esfarrapado
numa pobríssima tábua.
Tão pobre é vossa gadelha
que nem de lêndeas é farta,
e inda que cheia de anéis,
são anéis de piaçaba.
Vossa cara é tão estreita,
tão faminta, e apertada,
que dá inveja aos Buçacos
e que entender às Tebaidas.
Tendes dous dedos de testa,
porque da frente, a fachada
quis Deus e a vossa miséria,
que não chegue à polegada,
Os olhos, dous ermitões,
que em ũa lôbrega estância
fazem sempre penitência
nas grutas da vossa cara.
Dous arcos quiseram ser

as sombrancelhas, mas para
os dous arcos se acabarem
té de pelo houve falta.
Vosso pai vos amassou,
porém com miséria tanta,
que temeu a Natureza
que algum membro vos faltara.
Deu-vos tão curto o nariz,
que parece ũa migalha,
que no tempo dos catarros
para assoar-vos não basta.
Vós devíeis de ser feito
no tempo em que a lua andava
pobríssima já de luz
correndo a minguante quarta.
Pareceis homem mindinho
como o mindinho da palma,
o mais pequeno na rua,
e o mais pobrezinho em casa.
Vamos aos vossos vestidos,
e peguemos na casaca
com tento, porque sem tento
a leva qualquer palavra.
Andais tão roto, senhor,
que tenho por cousa clara,
que no tribunal da Rota
de Roma, está sentenciada.
A vossa grande pobreza
para perpétua lembrança
da dança de manuel-trapo,

fique no mundo afamada.
E porque não apeleis
de sentença tão bem dada,
queimado morra o juiz
que a apelação vos tomara.

Sátira à cidade da Bahia, em ocasião
que estava a frota nela

Toda a cidade derrota
esta fome universal;
uns dão a culpa total
à câmara, outros à frota.
A frota tudo abarrota
dentro nos escotilhões
– a carne, o peixe, os feijões –
e se a câmara olha, e ri
porque anda farta até aqui,
é cousa que me não toca.
Ponto em boca![67]

Se dizem que o marinheiro
nos precede a toda a lei,
porque é serviço del-rei,
concedo que está primeiro;
mas tenho por mais inteiro
o conselho que reparte
com igual mão, igual arte
por todos jantar, e ceia.
Mas frota co a tripa cheia,
e o povo co a pança oca?
Ponto em boca!

A fome me tem já mudo,
que é muda a boca esfaimada,
mas se a frota não traz nada
por que razão leva tudo?
Que o povo por ser sisudo
largue o ouro, e largue a prata
a ũa frota patarata,
que entrando co a vela cheia,
o lastro que traz de areia
por lastro de açúcar troca?
Ponto em boca!

Se quando vem para cá
nenhum frete vem ganhar,
quando para lá tornar
o mesmo não ganhará.
Quem o açúcar lhe dá
perde a caixa, e paga o frete,
porque o ano não promete
mais negócio, que perder
o frete, por se dever,
a caixa, porque se choca.
Ponto em boca!

Entretanto eu sem abrigo,
e o povo todo faminto;
ele chora, e eu não minto,
se chorando vo-lo digo:
tem-me cortado o embigo
este nosso General,

por isso de tanto mal
lhe não ponho algũa culpa;
mas se merece desculpa
o respeito a que provoca,
ponto em boca!

Com justiça, pois, me torno
à Câmara nossa senhora,
que pois me traspassa agora,
agora leve o retorno:
praza a Deus que o caldo morno,
que a mim me fazem cear
da má vaca do jantar
por falta de bom pescado,
lhe seja em cristéis lançado;
mas se a saúde lhes toca,
ponto em boca!

A ũa mulata chamada Julu

DÉCIMAS

Que cantarei eu agora,
Senhora Dona Talia
com que todo o bairro ria
do pouco que Jelu chora?
Inspirai-me vós, senhora,
aquele tiro violento
que fez à Jelu o sargento;
mas que culpa o homem teve?
Não fora ela puta leve,
para ser pela do vento.

Dizem que ele pegou dela,
e que gafando-a[68] no ar,
querendo a chaça ganhar,
a jogou como ũa pela:
fez chaça a branca donzela
lá na horta da cachaça,
que mais de mil passos passa,
e tal jogo o homem fez,
que eu lhe seguro esta vez,
que ninguém lhe ganhe a chaça.

Triste Jelu, sem ventura
ali ficou enterrada,
mas foi bem afortunada
de ir morrer à sepultura:
poupou a esmola do cura,
as cruzes, as confrarias,
pobres, e velas bugias,
e como era lazarenta,
despois de mui fedorenta
ressuscitou aos três dias.

Dizem que despois de erguida
da morte se não lembrou,
que como ressuscitou
se tornou à sua vida:
eu temo que vai perdida,
e me diz o pensamento
que há de ter um fim violento,
como se lhe tem fadado,
ou nas solas de um soldado,
ou nas viras de um sargento.

TERCETOS

Eu sou aquele, que os passados anos
cantei na minha lira maldizente
torpezas do Brasil, vícios, e enganos.

E bem que o descantei bastantemente,
canto segunda vez na minha lira
o mesmo assunto, em plectro diferente.

Já sinto que me inflama e que me inspira
Talia, que musa é da minha guarda,
des que Apolo mandou, que me assitira.

Arda Baiona, e todo o mundo arda,
que a quem de profissão falta à verdade,
nunca a dominga das verdades tarda.

Nenhum tempo excetua a cristandade
ao pobre pegureiro do Parnaso
para falar em sua liberdade.

A narração há de igualar o caso,
e se talvez o caso não iguala,
não tenham por poeta o que é Pegaso.

De que pode servir falar quem cala?
Nunca se há de falar o que se sente,
Sempre se há de sentir o que se fala.

Que homem pode haver tão paciente,
que vendo o triste estado da Bahia
não chore, não suspire, e não lamente?

Isto faz a discreta fantesia:
discorre em um, e outro desconcerto,
condena o roubo, increpa a hipocrisia.

O néscio, o ignorante, o inexperto,
que não ele o bem, nem o mal reprova,
por tudo passa deslumbrado, e incerto.

E quando vê talvez na doce trova
louvado o bem, e o mal vituperado,
a tudo faz focinho, e nada aprova.

Diz logo prudentaço, e repousado:
Fulano é um satírico, é um louco,
de língua má, de coração danado.

Néscio! Se disso entendes nada ou pouco,
como mofas com riso, e algazarras,
musas, que estimo achar quando as invoco?

Se souberas falar, também falaras;
também satirizaras, se souberas,
e se foras poeta, poetizaras!

A ignorância dos homens destas eras
sisudos faz ser uns, outros prudentes,
que a mudez canoniza bestas-feras.

Há bons por não poder ser insolentes;
outros há comedidos de medrosos;
muitos não mordem porque não têm dentes.

Quantos há que os telhados têm vidrosos,
e deixam de atirar sua pedrada
de sua mesma telha receosos.

ũa só natureza nos foi dada,
não criou Deus os naturais diversos,
um só Adão formou, e esse de nada.

Todos somos ruins, todos preversos,
só nos distingue o vício, e a virtude,
de que uns são comensais, outros adversos.

Quem maior a tiver, do que eu ter pude,
esse só me censure, esse me note,
calem-se os mais, chitom! e haja saúde.

A ũa mulata chamada Carira sobre
chorar a perda de uns corais

DÉCIMAS

Carira, por que chorais?
Que é perdição não vereis,
as pérolas que perdeis,
pela perda dos corais?
Pérolas não valem mais
dos vossos olhos chorados
que de coral mil ramadas?
Pois como os olhos sentidos
vertem por corais perdidos
pérolas desperdiçadas?

Basta já, mais não choreis,
que os corais todos sabemos
que não tinham os extremos,
que vós por eles fazeis.
Que os quereis cobrar direis;
pois como em cobrança tal
meteis tanto cabedal?
Como empregais nesta empresa
aljôfar, que val, e pesa
muito mais do que o coral?

Vós sois fraca mercadora;
pois em câmbio de uns corais
tais pérolas derramais
que tais não derrama a Aurora.
Sempre o negócio melhora
às damas do vosso trato,
e sem risco, e mais barato,
e em vós é fácil de crer,
que os corais heis de perder
sobre quebrar no contrato.

Se a vós vos dita o sentido,
que o mar cria coral tanto,
e no mar do vosso pranto
se achará o coral perdido;
levais o rumo trocido,
e ides, Carira, enganada;
porque a água destilada
que até os beiços vos corria,
muito coral vos daria
de cria, mas não de achada.

Se tratais ao camarada
de ladrão, e ladronaço,
porque vos tirou do braço
coral, que val pouco ou nada,
é que estais apaixonada,
bem que com pouca razão;
e ponde-lo de ladrão,
quando os corais bota fora,
e não o pondes na hora
que vos rouba o coração.

101

Vós pondes o moço à curta,
e de ladrão o infamais,
não por furtar os corais,
mas porque a ração vos furta;
como vos não rega a murta
nem há meio que o mova
a vos ir dar ũa sova,
lhe pondes cargo mortal,
não porque leve o coral,
mas porque falta co a ova.

MOTE

Pobre de ti, barboleta,
imitação do meu mal,
que em chegando ao fogo morres
porque morres por chegar.

GLOSA

Passeias em giro a chama,
simples barboleta, em hora,
que se a chama te enamora
teu próprio estrago te chama;
se o seu precipício ama
quem ao seu mal se inquieta,
e tu simples, e indiscreta,
tens por fermosura grata
luz, que traidora te mata,
pobre de ti, barboleta.

Ou tu imitas meu ser,
ou eu tua natureza,
pois na luz de ũa beleza
ando ardendo por arder:
tu à luz, que vês acender,
te arrojas tão cega, e tal,
que imitando ao natural
com que arder ali me vês,
me obrigas a dizer, que és
imitação do meu mal.

Tu és barboleta comua,
pois a toda luz te botas,
e eu cego, se bem o notas,
sou só barboleta tua:
qualquer segue a estrela sua,
mas tu melhor te socorres
quando em fogo algum te torres,
porque eu nunca ao fogo chego;
e tu logras tal sossego,
que em chegando ao fogo morres.

Tu és mais feliz ao que entendo,
inda que percas a vida,
porque a dá por bem perdida,
quem vive de andar morrendo:
eu não morro, e o pretendo,
porque falta a meu pesar
a fortuna de acabar;
tu morres, e tu sossegas,
quando na chama te entregas,
porque morres por chegar.

MOTE

**Para retratar uns olhos
Cupido se fez pintor;
desfez o céu para tinta,
moeu para luz o sol.**

GLOSA

A uns olhos se viu rendido
Amor, e os arpões quebrou,
porque afrontados julgou
arpões de outro arpão vencido:
cego, turbado, e sentido,
guiado de seus antolhos
trilha espinhos, pisa abrolhos,
e por curar seu cuidado
um pincel pede emprestado
para retratar uns olhos.

Para uns olhos tão brilhantes
buscava o melhor pincel;
negou-lho Apeles cruel,
piedoso lhe deu Timantes:
como mestres tão prestantes
puseram de morte cor
olhos[69] que vencem a Amor
nesta pena que o soçobra,
para colorir a obra
Cupido se fez pintor.

Sempre ouvi que aos amadores
nada falta em bom primor,
porém hoje ao mesmo Amor
para pintar faltam cores:
ele perdeu as melhores
em ter a presença extinta
dos belos olhos que pinta,
cuja cor é celestial,
e por lhe dar natural,
desfez o céu para tinta.

Para cópia tão divina
como Amor a imaginou,
todo aparelho[70] tirou
dessa esfera cristalina:
excedia a ultramarina
cor, esse azul arrebol,
e do divino farol
sendo precisa a luz pura,
por dar claros à pintura,
moeu para luz o sol.

Aos sebastianistas

DÉCIMAS

Ouçam os sebastianistas
ao profeta da Bahia[71]
a mais alta astrologia
dos sábios gimnosofistas:
ouçam os anabatistas
da evangélica verdade,
que eu com pura claridade
digo em literal sentido,
que o rei por Deus prometido
é, quem? Sua Majestade.

Quando no campo de Ourique
na cruz de um raio abrasado
viu Cristo crucificado
el-rei Dom Afonso Henrique:
para que lhe certifique
afectos, mais que fiéis,
Senhor, disse, aos infiéis
mostrai a face divina,
não a quem a Igreja ensina
a crer tudo o que podeis.

E Deus vendo tão fiel
aquele peito real
auspicando a Portugal,
quis ser o seu Samuel.
Na tua prole novel,
lhe disse, hei de estabelecer
um império a meu prazer,
e crê que na atenuação
da dezasseis geração
então hei de olhar, e ver.

A dezasseis geração,
por cômputo verdadeiro,
assevera o reino inteiro,
ser o quarto rei D. João:
e da prole a atenuação
(conforme a mesma verdade)
se vê em Sua Majestade;
pois sendo de três varões,
com duas atenuações
se tem posto na unidade.

Logo, em boa consequência,
na pessoa realçada
de Pedro, está atenuada
desta prole a descendência:
logo, com toda a evidência,
e à luz da divina Luz,
se vê que a Pedro conduz
o olhar, e ver de Deus,
que ao primeiro rei, e aos seus,
prometeu, na ardente cruz.

E se o tempo é já chegado
perguntai-o a Daniel,
que no sétimo aranzel
o traz bem delineado.
Diz o profeta sagrado,
que a quarta fera inumana
tinha na testa tirana
dez pontos, e que entre as dez
ũa de grã pequenhez,
surgiu com potência insana.

Que esta ponta tão pequena,
mas tão potente, e tão forte,
a três das grandes deu morte
cruel, afrontosa, e obscena:
quer dizer, que a sarracena
potência, ou poder tirano
do pequeno maometano
tirara a seu desprazer
as três partes do poder
do grande Império Otomano.

E que pelo prejuízo
que a pequena ponta fez
das dez maiores às três,
a chamou Deus a juízo;
e a condenou de improviso
ao fogo voraz que a coma:
e daqui o profeta toma
(pois Deus assim a condena)
o fim da gente agarena
e seita do vil Mafoma.

Continuando a visão,
refere a história sagrada
que esta audiência acabada
chamou Deus um rei cristão
e lhe entregou na mão
o império prometido:
logo, bem tenho inferido,
que o sarraceno acabado,
é o tempo deputado
de ser este império erguido.

E pois a gente otomana
vendo esta sua ruína
à luz da espada divina
de tanta armada austriana,
pode a nação lusitana
confiada neste agouro,
preparar a palma, e louro
para o príncipe cristão,
que há de empunhar o bastão
do império do Deus vindouro.

Pode a nação lusitana,
que foi terror do Oriente,
confiar que no Ocidente
o será da maometana;
pode cortar a espadana
em tal número, e tal soma,
que quando o tempo a carcoma,
digamos com este exemplo
que abriu, e fechou seu templo
o bifronte deus em Roma.

Estes secretos primores
não são de ideia sonhada,
são da escritura sagrada,
e de santos escritores:
se não alego doutores
e poupo esses aparatos,
é porque basta a insensatos
por rudeza ou por cegueira,
que em prosa os compôs Vieira,
traduziu em versos Matos.

Às lágrimas de ũa freira em ocasião
que dela se despedia o Autor,
a título de quebra

DÉCIMAS

Lágrimas afectuosas
brandamente derretidas,
o que tendes de afligidas,
tendes de mais poderosas.
Sendo vós tão carinhosas
quão tristes me pareceis,
que muito que me abrandeis
quando ausentar-me sentis,
se por me cobrar saís,
e em busca de mim correis?

Se correis tão descontentes,
donde ides tão apressadas?
E se andais tão recatadas,
como assim sois tão correntes?
Sendo essas vossas enchentes
fermosíssimo embaraço,
que muito que ao descompasso
de um ciúme enfurecido,
nessa corrente detido
logo então perdesse o passo?

De ver que vos afligistes,
que ufano fiquei então,
que alegre o meu coração,
meus olhos, de ver-nos tristes!
Com razão vos persuadistes
de formar-me um novo encanto
no vosso chorar, porquanto
a fé com que vos adoro
se alegra co vosso choro,
se banha no vosso pranto.

Vendo que éreis desafogo,
lágrimas, da vossa mágoa,
o que era nos olhos água,
no peito vi, que era fogo:
logo vi, e entendi logo,
que como a um tronco acontece,
que ali arde, e cá umedece,
assim vós num choro brando
saíeis aos olhos quando
incêndios a alma padece.

Lágrimas, grande seria
ũa dor, que vos condena,
que à vista da vossa pena
compreis a minha alegria;
e pois da melancolia
que tive em tão tristes horas
haveis sido as redentoras,
do gosto que me heis comprado
tanto à custa do chorado,
com razão sereis senhoras.

Sereis, pelo que agradastes,
lágrimas aljofaradas,
eternamente lembradas
destes olhos, que alegrastes;
se por mim vos derramastes,
e à custa de vossos brios,
por entre tantos desvios
me buscais, fora desar
não ser, meus olhos, um mar
para recolher dois rios.

Lágrimas que em vossas dores
dizeis hoje emudecidas
finezas jamais ouvidas,
de nunca vistos amores:
pois que de vossos primores
tão subido é o arrebol,
basta que do seu crisol
saia esta fineza enfim,
que eu vi triste um serafim,
e choroso ao mesmo Sol.

Eternamente aplaudidas
sereis, lágrimas fermosas,
pois deixais de ser ditosas
só por ser por mim vertidas:
se o valor de agradecidas,
bastar a vossos matizes
contra a nota de infelizes,
podeis rir-vos de choradas,
pois que de gratificadas
sois no mundo as mais felizes.

A ũa dama Ana de –

DÉCIMAS

Anica, que me quereis,
que tanto me enfeitiçais,
ũa vez quando cantais,
e outra quando apareceis?
Se por matar-me o fazeis,
fazei esse crime atroz
de matar-me sós por sós,
para que eu tenha o socorro
de que quando por vós morro
viva de morrer por vós.

Matar-me eu o sofrerei,
mas sofrei também chegar-me,
que ter asco de matar-me
jamais o consentirei.
Fugir e matar não sei,
Ana, como o conseguis;
mas se a minha sorte o quis,
e vós, Ana, o intentais,
não podeis matar-me mais
do que quando me fugis.

Chegai, e matai-me já;
não chegar, deixar-me morto,
cousa é que me tem absorto
matar-me quem me não dá:
chegai, Ana, para cá,
para dar-me essa ferida;
porque fugir de corrida,
e matar-me dessa sorte,
se o vejo na minha morte
não o vi na minha vida.

Não sei que pós foram estes
que na alma me derramastes?
Não sei com que me matastes,
não sei o que me fizestes;
sei que aqui me aparecestes,
e vendo-vos com antolhos,
topei com tantos abrolhos
na vossa dura conquista,
que me tirastes a vista,
e me quebrastes os olhos.

A ũa dama por nome Dona Brites

ROMANCE

Fui ver a fonte da roça,
e quando a mais gente vai
a refrescar-se na fonte,
eu me fui nela abrasar.
Dentro na fonte achei Brites,
que ali se foi a banhar,
por dar que entender aos olhos
um cristal noutro cristal.
Noutras Brites, corre a fonte:
Com Brites, corrida vai,
vendo que a sua brancura
a excede nos cabedais.
Sentiu-me Brites ao longe,
e o fraldelim posto já,
era narciso do campo,
quem foi Narcisa do mar.
Cheguei, e vendo tão claro
defronte o rico raudal,
estive um pouco perplexo
entre crer e duvidar.
Enfim vim a presuadir-me

que Brites em caso tal
não foi lavar-se na fonte,
mas foi a fonte lavar.
Tão líquida, e transparente
corria, que por sinal
de Brites lhe pôr as mãos
desatada em prata vai.
Por entre pedras a fonte
precipita o seu cristal,
que lhas tira como a louco,
quem a vê precipitar.
Convidou-me a que bebesse
a neve do manancial,
e se a neve assim me abrasa,
o incêndio que me fará?
Bebi, não matei a sede,
porque dispondo-me a amar,
fui Tântalo, cuja pena
o beber incende mais.
Queira Amor, Brites ingrata,
que essa fonte, esse cristal
não seja o vosso perigo,
em que Narcisa morrais,
que quem me matou na fonte
por seu gosto, e a meu pesar,
será despique de um cego,
e vingança de um rapaz.[72]

A ũa negra que se enterrou com o
hábito de São Francisco

DÉCIMAS

Ser um vento a nossa idade
é da Igreja documento,
e por ser a vida um vento
a morte é ventosidade.
Viu-se isto em realidade
na morte de ũa pobreta
cuja casa de baeta,[73]
reparando o irmão da vara
e descobrindo-lhe a cara,
viu, que a defunta era preta.

Ũa negra desta terra
em uma casa enlutada,
no hábito amortalhada
do santo que tudo enterra?
Quem cuidareis que era a perra
tão grave, e tão reverenda?
Era ũa sogra estupenda
de todo o mundo em geral,
mãe em pecado mortal
de Dona Brásia Caquenda.

A negra com seu cordão
no hábito franciscano
era, retratada em pano,
Santa Clara de alcatrão.
Tiveram grande questão
os irmãos da caridade:
se era maior piedade
lançá-la no mar salgado,
se enterrá-la no sagrado,
ofendendo a imunidade.

Acudiu o tesoureiro,
que era genro da cachorra,
e disse: esta negra é forra
e eu tenho muito dinheiro.
Houve dúvida primeiro,
mas vieram-na a levar,
e começando a cantar
os padres o **Sub venite**,
tomaram por seu despique
em vez de cantar, chorar.

Dos genros a maior parte,
e os homens da melhor sorte
choraram a negra morte
da negra sogra, que farte:
a essa[74] fizeram com arte
tão reguenga, e tão real
que não foi piramidal
por que não cresse o distrito
que era cigana do Egito,
quem era negra boçal.

Ficou a gente pasmada
de ver que ũa negra bruta
sendo na vida tão puta,
vá na morte tão honrada:
quem é tão aparentada
sempre na honra se estriva,
e assim a gente cativa
ficou pasmada, e absorta,
de ver ir com honra, morta,
quem nunca teve honra em vida.

Ficou a casa enlutada
de então té o outro dia,
e toda a vida estaria,
e não ter ũa encontrada:
e é que a baeta pregada
era de quatro estudantes
quatro capas roçagantes;
e bem que as deram, contudo
para irem ao estudo
foi força mandar-lhas antes.

Os amantes se fintaram
como amantes tão fiéis:
um largou oito mil-réis,
outro em dez o condenaram.
Ao tesoureiro ordenaram
mandasse a cera comprada;
ele a deu tão esmerada
e tanta, que se murmura,
que o fez, porque à sepultura
fosse a perra bem pingada.[75]

Ouvindo o Autor cantar três freiras
no Convento da Rosa desta cidade
sendo irmãs, e ũa tangia rabecão

DÉCIMAS

Clara sim, mas breve esfera
ostenta em purpúreas horas
as mais belas três auroras
que undoso o Tejo venera.
Tantos raios reverbera
cada qual quando amanhece,
nas almas a que aparece,
que não foi muito esta vez
que sendo as auroras três
pela tarde amanhecesse.

Clara, na brancura rara
e de candidez mui rica,
com ser freira dominica
a julguei por freira clara:[76]
tanta flor à flor da cara
dada em tão várias maneiras,
que entre as cinzas redadeiras
jurou certa mariposa
as mais por freiras da Rosa,
Clara por rosa das freiras.

Branca, se por vários modos
airosa o arco conspira,[77]
inda que a todos atira,
é Branca branco de todos;
mas deixando outros apodos
dignos de tanto esplendor,
vibrando o arco em rigor
parece em traje fingido
Vênus, que ensina a Cupido
atirar setas de amor.

Maria, à imitação,
por seu capricho escolheu
ser freira branca no véu,
já que as mais no nome o são;
e em tão cândida união
com as duas irmãs se enlaça,
que jurada então por Graça
chove-lhe a graça em maneira
que sendo a Graça terceira,
não é terceira na graça.

Entoando logo um solo
em consonância jucunda,
prima, terceira, e segunda
a lira formam de Apolo:
vaguei um, e outro polo,
mas foi diligência vã,
porque a cara mais louçã
cotejando-a na brancura
com as irmãs a fermosura,
não vi fermosura irmã.

Vendo tão raros primores,
para em retrato adorar-vos
trataram de retratar-vos
estes meus versos pintores:
e metendo já de cores
essas vossas luzes puras,
entre métricas pinturas
ficam, de muito emendados,
meus versos os retratados,
e não vossas fermosuras.[78]

À chegada de ũa mestiça chamada
Catona vindo doente

ROMANCE

É chegada Catona
e vem muito doente,
que se há gostos que matem,
havê-los-á que enfermem.
Se enferma dos seus gostos,
gosta do que padece,
e assim ninguém a cure,
que quem a cura, a ofende.
Da gente desta casa
ninguém há que penetre,
se ele apertou com ela,
se ela apertou com ele.
O que se sabe ao certo
é que se ela adoece
daquilo de que vive,
livre está de morrer-se.
Ó ditosa Catona,
que quanto mais padece
mais assegura a vida,
pois vive do que geme.

Para si não enferma,
contra mim adoece,
se morre para deixar-me,
hei medo que me deixe.
Na sua enfermidade
logra dous interesses,
o gosto de enfermar-se,
e o prazer de morrer-me.
Se a curo, a ofendo,
pois lhe tiro os prazeres;
se a não curo, me mata,
valha-me Deus, mil vezes.
Que nesta confusão,
em que o fado me mete,
ou se cure, ou não cure,
hei medo que me enterre.

Obra que o Autor fez a si mesmo
antes de se receber

SEGUIDILHAS

Os dias se vão,
os tempos se esgotam,
para todos trotam,
só para mim não:
tanta dilação
quem há de curtir?
O tempo a não vir,
e eu por meu pesar
sempre a esperar,
o que tanto foge;
casemo-nos hoje,
que amenhã vem longe.

O tempo sagrado
vai com tal vagar,
que deve de andar
manco, ou aleijado:
eu com meu cuidado
morto por vos ver,
e o tempo a deter

a dita que espero,
da qual eu não quero
que ele me despoje;
casemo-nos hoje,
que amenhã vem longe.

Por ũa hora mera
que Píramo andara,
ao ponto chegara,
onde Tisbe o espera:
nunca acontecera
colar-se de emboque
no seu mesmo estoque,
deixando ũa ponta
donde a moça tonta
a morrer se arroje;
casemo-nos hoje,
que amenhã vem longe.

Por ũa hora avara,
por um breve instante
que Leandro amante
no mar se arrojara,
nunca se afogara,
e Hero de tão alto
não dera tal salto,
porque quis o fado
que ela, com o afogado
à praia se arroje;
casemo-nos hoje,
que amenhã vem longe.

Hoje poderei
convosco casar
e hoje consumar,
amenhã não sei,
porque perderei
amenhã a saúde,
e em um ataúde
me podem levar
o corpo a enterrar,
porque vos enoje;
casemo-nos hoje,
que amenhã vem longe.

Que fez o Autor a um capitão de
infantaria que o acharam fornicando
com uma negra

DÉCIMAS

Ontem, senhor Capitão,
vos vimos deitar a prancha,
e embarcar-vos numa lancha
de gentil navegação;
a lancha era um galeão,
que joga trinta por banda,
grande popa, alta varanda,
tão grande popa, quer dar
podia o cu a beijar
à maior urca de Holanda.

Era tão azevichada,
tão luzente, e tão flamante,
que eu cri, que naquele instante
saiu do porto breada:
estava tão estancada,
que se escusava outra frágua,
e assim tive grande mágoa
da lancha, por ver que quando
a estáveis calafetando,
então fazia mais água.

Vós logo destes à bomba,
com tal pressa, e tal afinco,
que a pusestes como um brinco,
mais lisa, que uma pitomba.
Como a lancha era mazomba,
jogava tanto de quilha,
que tive por maravilha
não comê-la o mar salgado,
mas vós tínheis o cuidado
de lhe ir metendo a cavilha.

Desde então toda esta terra
vos fez por aclamação
capitão de guarnição
não só, mas de mar e guerra.
Eu sei, que o povo não erra,
nem nisso vos faz mercê,
porque sois soldado que
podeis capitanear
as charruas de além-mar,
se são urcas de Guiné.

BIOBIBLIOGRAFIA

Gregório de Matos e Guerra nasceu em Salvador, Bahia, em 20 de dezembro de 1636. Formou-se em Direito pela Universidade de Coimbra, passando então a desempenhar diversos cargos na magistratura portuguesa. Em Portugal casou-se pela primeira vez; enviuvando, regressou à Bahia no ano de 1682 ou 1683. Nomeado para funções burocráticas da Igreja, a elas não se adapta, e renuncia aos cargos em que fora investido. Casa-se por segunda vez, exerce a advocacia e finalmente rompe com a estrutura social da capitania, passando a viver uma vida livre e marginal. A causticidade com que satiriza costumes e pessoas resulta em inimizades, rancores e perseguições; daí a deportação do poeta para Angola, quando do governo de D. João de Lencastro – admirador do gênio do poeta, aliás. De lá retorna ao Brasil, fixando-se na capitania de Pernambuco, já que lhe vedam a volta à Bahia. Pouco tempo de vida lhe resta a partir de então, pois morre no Recife em começos de 1696, provavelmente.

A obra de Gregório de Matos, recolhida em livros manuscritos ainda em vida do poeta, mas sobretudo no século XVIII, só veio a ser publicada a partir do final do século passado. Até hoje não se fez em sua poesia uma triagem criteriosa que separasse o próprio e o alheio; mesmo edições recentes persistem no endosso da tradição, incluindo entre as composições do poeta algumas já identificadas por estudiosos como de falsa atribuição. As edições que pretenderam abarcar a totalidade de seus poemas, cujo universo sequer está delimitado, foram as seguintes: 1) *Obras de Gregório de Matos*, Publicações da Academia Brasileira de Letras, Rio de Janeiro, 6 volumes, 1923-1933, editadas por Afrânio Peixoto; 2) *Gregório de Matos, Obras completas*, Edições Cultura, São Paulo, 2 volumes, 1945; e 3) *Crônica do viver baiano seiscentista*, Editora Janaína, Bahia, 7 volumes, 1968, organizada por James Amado. A primeira e a última baseiam-se em manuscritos; a segunda, no texto impresso de 1923-1933. Nos textos impressos basearam-se também as mais recentes antologias da obra de Gregório de Matos.

NOTAS AO TEXTO

1. O sentido destes dois versos não é explicado pelos editores de Gregório de Matos. Podemos ver no primeiro uma imagem gestual: a postura do *ator* (ou autor?) teatral em agradecimento (em alguns manuscritos, em vez de *A*, ocorre *Autor*). Imagem gestual também no segundo verso: o *gafador* era o agarrador (e arremessador?) da pelota, no jogo da pela. A associação com o sintagma os *beija-mãos* é ambígua; cremos que completaria a ideia de gesticulação do gafador com a da postura no cerimonial de submissão.

2. *Armada*: grupo que levanta a caça e a afugenta na direção dos caçadores. Os versos 9-11 expressam a ideia de subserviência.

3. *Botas*: odres, ou bolsas de couro para depósito de água ou vinho.

4. *Dom Bribote*: deve estar por Baco, deus do vinho.

5. Referência à capela onde seria batizada a criança.

6. *Quitota*: pequenita, a criança que se batizava.

7. Entenda-se: e repreenda-a pelo ranho que lhe escorre do nariz.

8. *Dom Fragatão do Rhin*: Dom Pândego do Reno.

9. *Funda-se a serra*: deve ter o sentido de haja algazarra.

10. Referência depreciativa aos estrangeiros: *podengo* é um tipo de cão de caça, coelheiro.

11. *Tronga*: prostituta.

12. *Garupa*: alforje, no caso.

13. Entenda-se: que tem sempre as cartas de maior valor.

14. *Limpar-se da carepa*: melhorar de vida.

15. Jogo de palavras, a partir da referência à universidade espanhola: Sala-*manca*, Sala-*cega*. Assim é depreciada a cultura do padre.

16. *Pondo ao pespego*: prostituindo. Embora não dicionarizada tal acepção, é frequente na poesia de Gregório de Matos o uso de *pespego, pespegar* significando relação sexual, ato de a praticar.

17. *Vá de valha*: tenha valia.

18. Entenda-se: a trombeta (e não o cometa) é, na Sagrada Escritura, o aviso do Juízo Final.

19. Entenda-se: matar pessoas cuja importância social está caracterizada pelas vestes. *Imperialeta* está por *imperiais*, tipo de guarnição de saias e saiões. A ideia do verso se explicita no terceto final.

20. *Vergonta*: vara, símbolo da autoridade. Entendam-se estes últimos versos: se o cometa quisera

justiçar as cabeças coroadas, não escaparia nenhum religioso (que são todos tonsurados); mas ele vem pelos que abusam da autoridade, pelos prepotentes.

21. Craesbeeck, nome de uma família de livreiros--editores de Lisboa.

22. A ordem dos tercetos está trocada no manuscrito, o que foi corrigido.

23. *Clerzia*: forma sincopada de *clerezia*, conjunto de clérigos.

24. *Empascar-se*: criação verbal decorrente da necessidade de rima. Deriva de, e significa o mesmo que, *pascoar*, celebrar a Páscoa, quando se come o pão ázimo.

25. *Siba*: molusco que segrega um líquido negro ao ser atacado. Entenda-se: meretriz negra.

26. Entenda-se: a abundância de pescado (*cação*, *arraia*) que a ilha oferece aos frades franciscanos é tão constante quanto o traje que eles usam (*picote*, *burel*).

27. *China*: laranja-da-china.

28. Referência de Dom João de Lencastro, então governador da Bahia.

29. Entenda-se a metáfora náutica: o poeta olha por toda a parte e não vê o amigo.

30. *Solaz*: distração. A palavra parece estar empregada com o sentido de *solidão*.

31. *Catrapós*: usado por *catrapus*, voz imitativa do galope do cavalo.

32. Entenda-se: como se manifesta meu desagrado.

33. *Tipoia*: espécie de rede; *cobepá*: indígena, genericamente.

34. *Gazul*: estará por *guazil*, regente, ministro entre povos muçulmanos? A alteração de palavras para efeito de rima não é rara no poeta.

35. *Jimbo*: o mesmo que *zimbro*, espécie de aguardente. Também, como gíria, significa *dinheiro*, acepção frequente na sátira de Gregório de Matos.

36. A Páscoa, para os judeus, é a festa anual em comemoração da saída do Egito.

37. O soneto apresenta certa ambiguidade sintática, sobretudo nos tercetos. Difere a versão de certos versos nalgumas edições.

38. Há nestes versos um processo sinonímico para o qual os editores, acomodados a uma tradição viciosa, não atentam: *rolim* é uma espécie de monge do reino do Pegu (na atual Birmânia); *bonzo bramá*, sacerdote brâmane, e *greparia*, palavra não dicionarizada, é o coletivo de *grepo*, também sacerdote do Pegu. Não cabe a leitura de *Rolim*, nome próprio que designaria certo Cosme (ou Antônio) de Moura Rolim, posta em curso pelo primeiro biógrafo de Gregório de Matos. *Mounai*: os manuscritos e impressos trazem *Monai*.

39. *Teirós*: contendas, rixas.

40. *A meia porra*: a meia altura do pênis. A tradição textual tem seguido outra leitura: *zorra* em vez de *porra*,

a cuja explicação os editores se esquivam. Trata-se de confusão, na leitura, entre as letras manuscritas *p* e *z*.

41. *Cotó*: cutelo.

42. Entenda-se: que lhe atravessou o beiço com uma vareta de palmeira.

43. Há certa ambiguidade sintática neste quarteto.

44. *Arecuná*: indivíduo de tribo indígena caraíba; *abaité*: gente feia, repelente.

45. *Comua*: antiga forma feminina de *comum*.

46. *Escudo lamarão*: o sintagma deve estar formado a partir de *lama*, lodo, sujeira.

47. *Tola*: cabeça; também faca. Deve prevalecer a segunda acepção.

48. *Mestre-esfola*: noutros manuscritos, *mestre-escola*. Pode-se entender um trocadilho de intenção humorística (*esfolar*, tirar a pele ao animal que se mata).

49. *Javaro*: usado por *javardo*, ou por corruptela, ou por exigência de rima.

50. *Beijamim*: forma popular de *benjamim*, caçula, filho predileto.

51. *Sota*: mula que se atrela à frente de uma parelha.

52. *Bailio*: comendador nas antigas ordens militares.

53. Alusão ao Colégio da Companhia de Jesus e a suposta relíquia de São Francisco Xavier, que evangelizou no Oriente.

54. Referência a Dom Antônio Luís de Sousa, Marquês das Minas, governador da Bahia (1684-1687).

55. *Xisgaravis*: pessoa intrometida.

56. *Mazulo nariz*: adjetivação a partir de nome próprio. O poeta alude a certa personagem do incidente.

57. Entenda-se: não tornarão a prendê-la. Os versos em espanhol, alheios, são exemplo de fato estilístico que envolve ao mesmo tempo apropriação e alusão, pois pressupõe o conhecimento da fonte.

58. Entenda-se: não sabe o elementar da língua latina.

59. Expressão latina que aqui se emprega com o sentido de *prazerosamente*.

60. Note-se a ambiguidade no emprego das formas verbais de segunda pessoa: ora singular, ora plural.

61. Palavra não dicionarizada. Equivale a *cornucópia de cornos*.

62. *Sutílegas*: estará por *sortílegas?* Ou se terá criado por analogia, a partir de *sutil?*

63. *Guilhote*: folgazão, vadio.

64. A citação em espanhol compreende um processo de apropriação e alusão, ao mesmo tempo.

65. *Avogam*: apelam. Forma popular de *advogam*.

66. *Papa-figo*: tipo de vela de embarcação.

67. *Ponto em boca*: caluda, boca fechada.

68. *Gafando-a*: agarrando-a. Tal acepção de *gafar* não está dicionarizada. Pertencia ao vocabulário do jogo da pela.

69. Entenda-se: pintaram os olhos com a cor da morte.

70. *Aparelho*: aparato, recursos.

71. Alusão ao padre Antônio Vieira, que em diversas obras profetizou a realização do mito sebastianista.

72. Narciso morreu ao contemplar refletida numa fonte a própria imagem, o que fora vaticinado pelo cego Tirésias. O verso final alude a Cupido, deus do amor.

73. *Casa de baeta*: casa em que se cobriam de tecido negro paredes e espelhos em sinal de luto.

74. *Essa*: catafalco.

75. Trocadilho: pingada de cera e cheia de pinga (cachaça).

76. *Freira clara*: clarissa.

77. Referência ao arco do rabecão, ao mesmo tempo que ao arco de Cupido.

78. *Que são vossas*, no manuscrito. Corrigimos por outra versão.

ÍNDICE

Gregório de Matos: a transmissão textual.................7

Faça mesuras de A. co pé direito.................15

Senhora minha, se de tais clausuras.................16

Vieram os flamengos e o padrinho.................17

Se a morte anda de ronda, e a vida trota.................18

Descarto-me da tronga que me chupa.................19

Este padre Frisão, este sandeu.................20

Que me quer o Brasil, que me persegue?.................21

Se é estéril, e fomes dá o cometa.................22

Via de perfeição é a Sacra Via.................23

Devem de ter-me aqui por um orate.................24

Vieram sacerdotes dous, e meio.................25

Há cousa como estar em São Francisco.................26

Que vai por lá, senhores cajaíbas?.................27

Ó ilha rica, inveja de Cambaia.................28

Não veem como mentiu Chico Ferreira?.................29

Quem deixa o seu amigo por arroz.................30

Que vai por lá, senhor, que vai por lá?.................31

Quando Deus redimiu da tirania.................32

Um rolim de Mounai, bonzo bramá.................33

Um calção de pindoba a meia porra..........34

Amanheceu quarta-feira 35

Pedralves não há alcançá-lo..........42

Cansado de vos pregar..........51

Um Sansão de caramelo..........54

Na gaiola episcopal..........56

Daqui desta Praia Grande..........58

Pois me deixais pelo jogo..........63

Um vendilhão baixo, e vil..........66

Saiu a sátira má..........70

Mui alta, e mui poderosa 73

O vício da sodomia 75

Achei Anica na fonte..........79

Em qualquer risco do mar 82

Babu, como há de ser isto?..........85

Eu vos retrato, Gregório..........89

Toda a cidade derrota..........92

Que cantarei eu agora..........95

Eu sou aquele, que os passados anos..........97

Carira, por que chorais?..........100

Pobre de ti, barboleta..........103

Para retratar uns olhos 105

Ouçam os sebastianistas..........107

Lágrimas afectuosas..........112

Anica, que me quereis 116

Fui ver a fonte da roça..........118

Ser um vento a nossa idade..........120

Clara sim, mas breve esfera 124
É chegada Catona...127
Os dias se vão 129
Ontem, senhor Capitão 132
Biobibliografia 135
Notas ao texto...137

COLEÇÃO MELHORES CONTOS

ANÍBAL MACHADO
Seleção e prefácio de Antonio Dimas

LYGIA FAGUNDES TELLES
Seleção e prefácio de Eduardo Portella

BRENO ACCIOLY
Seleção e prefácio de Ricardo Ramos

MARQUES REBELO
Seleção e prefácio de Ary Quintella

MOACYR SCLIAR
Seleção e prefácio de Regina Zilbermann

MACHADO DE ASSIS
Seleção e prefácio de Domício Proença Filho

HERBERTO SALES
Seleção e prefácio de Judith Grossmann

RUBEM BRAGA
Seleção e prefácio de Davi Arrigucci Jr.

LIMA BARRETO
Seleção e prefácio de Francisco de Assis Barbosa

JOÃO ANTÔNIO
Seleção e prefácio de Antônio Hohlfeldt

EÇA DE QUEIRÓS
Seleção e prefácio de Herberto Sales

MÁRIO DE ANDRADE
Seleção e prefácio de Telê Ancona Lopez

LUIZ VILELA
Seleção e prefácio de Wilson Martins

J. J. VEIGA
Seleção e prefácio de J. Aderaldo Castello

JOÃO DO RIO
Seleção e prefácio de Helena Parente Cunha

IGNÁCIO DE LOYOLA BRANDÃO
Seleção e prefácio de Deonísio da Silva

LÊDO IVO
Seleção e prefácio de Afrânio Coutinho

RICARDO RAMOS
Seleção e prefácio de Bella Jozef

MARCOS REY
Seleção e prefácio de Fábio Lucas

SIMÕES LOPES NETO
Seleção e prefácio de Dionísio Toledo

HERMILO BORBA FILHO
Seleção e prefácio de Silvio Roberto de Oliveira

BERNARDO ÉLIS
Seleção e prefácio de Gilberto Mendonça Teles

AUTRAN DOURADO
Seleção e prefácio de João Luiz Lafetá

JOEL SILVEIRA
Seleção e prefácio de Lêdo Ivo

JOÃO ALPHONSUS
Seleção e prefácio de Afonso Henriques Neto

ARTUR AZEVEDO
Seleção e prefácio de Antonio Martins de Araujo

RIBEIRO COUTO
Seleção e prefácio de Alberto Venancio Filho

OSMAN LINS
Seleção e prefácio de Sandra Nitrini

ORÍGENES LESSA
Seleção e prefácio de Glória Pondé

DOMINGOS PELLEGRINI
Seleção e prefácio de Miguel Sanches Neto

CAIO FERNANDO ABREU
Seleção e prefácio de Marcelo Secron Bessa

EDLA VAN STEEN
Seleção e prefácio de Antonio Carlos Secchin

FAUSTO WOLFF
Seleção e prefácio de André Seffrin

AURÉLIO BUARQUE DE HOLANDA
Seleção e prefácio de Luciano Rosa

ALUÍSIO AZEVEDO
Seleção e prefácio de Ubiratan Machado

SALIM MIGUEL
Seleção e prefácio de Regina Dalcastagnè

ARY QUINTELLA
Seleção e prefácio de Monica Rector

HÉLIO PÓLVORA
Seleção e prefácio de André Seffrin

WALMIR AYALA
Seleção e prefácio de Maria da Glória Bordini

HUMBERTO DE CAMPOS
Seleção e prefácio de Evanildo Bechara

ANTÓNIO DE ALCÂNTARA MACHADO*
Seleção e prefácio de Marcos Antonio de Moraes

COELHO NETO*
Seleção e prefácio de Marcos Pasche

NÉLIDA PIÑON*
Seleção e prefácio de Miguel Sanches Neto

*PRELO

COLEÇÃO MELHORES POEMAS

CASTRO ALVES
Seleção e prefácio de Lêdo Ivo

LÊDO IVO
Seleção e prefácio de Sergio Alves Peixoto

FERREIRA GULLAR
Seleção e prefácio de Alfredo Bosi

MARIO QUINTANA
Seleção e prefácio de Fausto Cunha

CARLOS PENA FILHO
Seleção e prefácio de Edilberto Coutinho

TOMÁS ANTÔNIO GONZAGA
Seleção e prefácio de Alexandre Eulalio

MANUEL BANDEIRA
Seleção e prefácio de Francisco de Assis Barbosa

CECÍLIA MEIRELES
Seleção e prefácio de Maria Fernanda

CARLOS NEJAR
Seleção e prefácio de Léo Gilson Ribeiro

LUÍS DE CAMÕES
Seleção e prefácio de Leodegário A. de Azevedo Filho

GREGÓRIO DE MATOS
Seleção e prefácio de Darcy Damasceno

ÁLVARES DE AZEVEDO
Seleção e prefácio de Antonio Candido

MÁRIO FAUSTINO
Seleção e prefácio de Benedito Nunes

ALPHONSUS DE GUIMARAENS
Seleção e prefácio de Alphonsus de Guimaraens Filho

OLAVO BILAC
Seleção e prefácio de Marisa Lajolo

JOÃO CABRAL DE MELO NETO
Seleção e prefácio de Antonio Carlos Secchin

FERNANDO PESSOA
Seleção e prefácio de Teresa Rita Lopes

AUGUSTO DOS ANJOS
Seleção e prefácio de José Paulo Paes

BOCAGE
Seleção e prefácio de Cleonice Berardinelli

MÁRIO DE ANDRADE
Seleção e prefácio de Gilda de Mello e Souza

PAULO MENDES CAMPOS
Seleção e prefácio de Guilhermino Cesar

LUÍS DELFINO
Seleção e prefácio de Lauro Junkes

GONÇALVES DIAS
Seleção e prefácio de José Carlos Garbuglio

HAROLDO DE CAMPOS
Seleção e prefácio de Inês Oseki-Dépré

GILBERTO MENDONÇA TELES
Seleção e prefácio de Luiz Busatto

GUILHERME DE ALMEIDA
Seleção e prefácio de Carlos Vogt

JORGE DE LIMA
Seleção e prefácio de Gilberto Mendonça Teles

CASIMIRO DE ABREU
Seleção e prefácio de Rubem Braga

MURILO MENDES
Seleção e prefácio de Luciana Stegagno Picchio

PAULO LEMINSKI
Seleção e prefácio de Fred Góes e Álvaro Marins

RAIMUNDO CORREIA
Seleção e prefácio de Telenia Hill

CRUZ E SOUSA
Seleção e prefácio de Flávio Aguiar

DANTE MILANO
Seleção e prefácio de Ivan Junqueira

JOSÉ PAULO PAES
Seleção e prefácio de Davi Arrigucci Jr.

CLÁUDIO MANUEL DA COSTA
Seleção e prefácio de Francisco Iglésias

MACHADO DE ASSIS
Seleção e prefácio de Alexei Bueno

HENRIQUETA LISBOA
Seleção e prefácio de Fábio Lucas

AUGUSTO MEYER
Seleção e prefácio de Tania Franco Carvalhal

RIBEIRO COUTO
Seleção e prefácio de José Almino

RAUL DE LEONI
Seleção e prefácio de Pedro Lyra

ALVARENGA PEIXOTO
Seleção e prefácio de Antonio Arnoni Prado

CASSIANO RICARDO
Seleção e prefácio de Luiza Franco Moreira

BUENO DE RIVERA
Seleção e prefácio de Affonso Romano de Sant'Anna

IVAN JUNQUEIRA
Seleção e prefácio de Ricardo Thomé

CORA CORALINA
Seleção e prefácio de Darcy França Denófrio

ANTERO DE QUENTAL
Seleção e prefácio de Benjamin Abdalla Junior

NAURO MACHADO
Seleção e prefácio de Hildeberto Barbosa Filho

FAGUNDES VARELA
Seleção e prefácio de Antonio Carlos Secchin

CESÁRIO VERDE
Seleção e prefácio de Leyla Perrone-Moisés

FLORBELA ESPANCA
Seleção e prefácio de Zina Bellodi

VICENTE DE CARVALHO
Seleção e prefácio de Cláudio Murilo Leal

PATATIVA DO ASSARÉ
Seleção e prefácio de Cláudio Portella

ALBERTO DA COSTA E SILVA
Seleção e prefácio de André Seffrin

ALBERTO DE OLIVEIRA
Seleção e prefácio de Sânzio de Azevedo

WALMIR AYALA
Seleção e prefácio de Marco Lucchesi

ALPHONSUS DE GUIMARAENS FILHO
Seleção e prefácio de Afonso Henriques Neto

MENOTTI DEL PICCHIA
Seleção e prefácio de Rubens Eduardo Ferreira Frias

ÁLVARO ALVES DE FARIA
Seleção e prefácio de Carlos Felipe Moisés

SOUSÂNDRADE
Seleção e prefácio de Adriano Espínola

LINDOLF BELL
Seleção e prefácio de Péricles Prade

THIAGO DE MELLO
Seleção e prefácio de Marcos Frederico Krüger

ARNALDO ANTUNES
Seleção e prefácio de Noemi Jaffe

ARMANDO FREITAS FILHO
Seleção e prefácio de Heloisa Buarque de Hollanda

LUIZ DE MIRANDA
Seleção e prefácio de Regina Zilbermann

AFFONSO ROMANO DE SANT'ANNA
Seleção e prefácio de Miguel Sanches Neto

MÁRIO DE SÁ-CARNEIRO
Seleção e prefácio de Lucila Nogueira

AUGUSTO FREDERICO SCHMIDT
Seleção e prefácio de Ivan Marques

ALMEIDA GARRET
Seleção e prefácio de Izabel Leal

RUY ESPINHEIRA FILHO
Seleção e prefácio de Sérgio Martagão

SOSÍGENES COSTA
Seleção e prefácio de Aleilton Fonseca

COLEÇÃO MELHORES CRÔNICAS

MACHADO DE ASSIS
Seleção e prefácio de Salete de Almeida Cara

JOSÉ DE ALENCAR
Seleção e prefácio de João Roberto Faria

MANUEL BANDEIRA
Seleção e prefácio de Eduardo Coelho

AFFONSO ROMANO DE SANT'ANNA
Seleção e prefácio de Letícia Malard

JOSÉ CASTELLO
Seleção e prefácio de Leyla Perrone-Moisés

MARQUES REBELO
Seleção e prefácio de Renato Cordeiro Gomes

CECÍLIA MEIRELES
Seleção e prefácio de Leodegário A. de Azevedo Filho

LÊDO IVO
Seleção e prefácio de Gilberto Mendonça Teles

IGNÁCIO DE LOYOLA BRANDÃO
Seleção e prefácio de Cecilia Almeida Salles

MOACYR SCLIAR
Seleção e prefácio de Luís Augusto Fischer

ZUENIR VENTURA
Seleção e prefácio de José Carlos de Azeredo

RACHEL DE QUEIROZ
Seleção e prefácio de Heloisa Buarque de Hollanda

FERREIRA GULLAR
Seleção e prefácio de Augusto Sérgio Bastos

LIMA BARRETO
Seleção e prefácio de Beatriz Resende

OLAVO BILAC
Seleção e prefácio de Ubiratan Machado

ROBERTO DRUMMOND
Seleção e prefácio de Carlos Herculano Lopes

SÉRGIO MILLIET
Seleção e prefácio de Regina Campos

IVAN ANGELO
Seleção e prefácio de Humberto Werneck

AUSTREGÉSILO DE ATHAYDE
Seleção e prefácio de Murilo Melo Filho

HUMBERTO DE CAMPOS
Seleção e prefácio de Gilberto Araújo

JOÃO DO RIO
Seleção e prefácio de Edmundo Bouças e Fred Góes

COELHO NETO
Seleção e prefácio de Ubiratan Machado

JOSUÉ MONTELLO
Seleção e prefácio de Flávia Vieira da Silva do Amparo

GUSTAVO CORÇÃO
Seleção e prefácio de Luiz Paulo Horta

MARCOS REY
Seleção e prefácio de Anna Maria Martins

ÁLVARO MOREYRA
Seleção e prefácio de Mario Moreyra

ODYLO COSTA FILHO*
Seleção e prefácio de Cecilia Costa

RAUL POMPEIA
Seleção e prefácio de Claudio Murilo Leal

EUCLIDES DA CUNHA
Seleção e prefácio de Marco Lucchesi

MARIA JULIETA DRUMMOND DE ANDRADE
Seleção e prefácio de Marcos Pasche

ARTUR AZEVEDO*
Seleção e prefácio de Orna Messe Levin e Larissa de Oliveira Neves

ELSIE LESSA*
Seleção e prefácio de Alvaro Costa e Silca

RODOLDO KONDER*

FRANÇA JÚNIOR*

ANTONIO TORRES*
Seleção e prefácio de Claudio Murilo Leal

MARINA COLASANTI*
Seleção e prefácio de Marisa Lajolo

LUÍS MARTINS*
Seleção e prefácio de Ana Luísa Martins

*PRELO

COLEÇÃO ROTEIRO DA POESIA BRASILEIRA

RAÍZES
Seleção e prefácio de Ivan Teixeira

ARCADISMO
Seleção e prefácio de Domício Proença Filho

ROMANTISMO
Seleção e prefácio de Antonio Carlos Secchin

PARNASIANISMO
Seleção e prefácio de Sânzio de Azevedo

SIMBOLISMO
Seleção e prefácio de Lauro Junkes

PRÉ-MODERNISMO
Seleção e prefácio de Alexei Bueno

MODERNISMO
Seleção e prefácio de Walnice Nogueira Galvão

ANOS 30
Seleção e prefácio de Ivan Junqueira

ANOS 40
Seleção e prefácio de Luciano Rosa

ANOS 50
Seleção e prefácio de André Seffrin

ANOS 60
Seleção e prefácio de Pedro Lyra

ANOS 70
Seleção e prefácio de Afonso Henriques Neto

ANOS 80
Seleção e prefácio de Ricardo Vieira Lima

Anos 90
Seleção e prefácio de Paulo Ferraz

Anos 2000
Seleção e prefácio de Marco Lucchesi

Impresso por :

Graphium
gráfica e editora

Tel.:11 2769-9056